ナメナ

まなびの

デザイン

「くうかん」

CONTENTS

まなびの
デザイン
とは

　子どもの発達は、子ども自らが環境に関わりさまざまな経験を積んでいくこと、人・もの・場などの環境が相互に関連し合い、子どもの生活が豊かなものになることで助長されます。そう考えると保育は、子どもたちのための環境を構成し、子どもの活動を見て、さらに環境を再構成していくという、とどまることのない探求の道といえそうです。子どもたちの活動の内容は、当然、発達に影響を及ぼしますが、その大きな要素のひとつに「場」があります。「場」とは、いわば活動の舞台ともいえるもので、そこでは「空間のデザイン」「舞台装置」「舞台照明」など、たくさんの要素がそれぞれ絡み合いながら、子どもの活動にとって重要な意味をもつ「場」をつくり出しているのです。例えば、幼児が友だちと机上でゲームをしようとするときは、机の周囲に友だちと椅子を向き合わせにできるスペースが必要ですし、ゲームを床に広げてしようとするならば、そのゲームを展開できるだけの床のスペースが必要になります。子どもが自ら環境に働きかけて活動するためには、場に対しても、その場のもつ意図を与えられているというだけではなく、子ども自身が、自ら創造し、選択していけるような工夫も必要になってきます。そのために私たちは、常に「場」という空間を考えていく必要があるのです。

　オランダのイエナプランでは、学校校舎建築の設計の段階でこんなことを提案しています。「私たちは、将来の学校の利用者と共に設計図を基にしてたくさんの話し合いをします。ここに描かれた空間をどのように利用するのか？　校舎の中での流れはどんな風になるのか？　どうしたら学校の中での活動に妨げが入らないようにできるか？　学校が納得するまでさまざまな選択肢が話し合われます」

　翻って日本で校舎（園舎）を新築する場合、私たちは何を設計者に伝えているでしょうか？　保育施設を新設する際、実際に施設を使っていく現場の人間（保育者）として「設計者としっかり話をして考えを伝えていこう」と思っている人は多いと思いますし、実際、何度も何度も設計者と保育者で話し合いをすることもあるでしょう。しかしその話し合いで、子どもたちの発達を助長する豊かな経験のための「場」ということがどのくらい考えられているでしょうか。

　こんなことをいうのも、（保育施設の新設にあたって）私の園に見学に来る人の中には、「いったいどんな保育施設がつくりたいんだろう？」と心配になってしまうような人がいるからです。園に着くなり、メジャーを取り出して机や椅子、窓枠の高さを測りはじめます。確かに建物には一定のスケールが必要ですので、机や椅子の高さは重要なのかもしれません。しかし実物を測る前に、その机や椅子をどのような場面で誰

が使い、それを使って何をしようとするのかを考える必要があるのです。

　例えば私の園でこんなことがありました。3歳児から6歳児までがいっしょに活動するという計画を立てた際、「3歳児と6歳児では体の大きさがかなり違うので同じ大きさの家具を使うのは無理なのではないか？　座る椅子にしても、体に合わせて変えたほうがいいのではないか？」と考えたのです。そして、椅子は小さいものから大きいものまで何種類かを揃え、大きい子には大きな椅子を、小さい子には小さな椅子を使おうと考えたのです。そして実際に使ってみて気がつきました。椅子にじっと座って人の話を聞く場合はそれでいいのですが、その椅子に座って食事をする場合は、（机の高さは変わらないので）体の小さい子は大きな椅子に、大きな子は小さな椅子に座ったほうが食べやすいのです。このように、同じ椅子でも、どんな活動に使うのか、何を優先するのかによって意味は違ってきます。ですから、椅子の高さを片っ端から測っても意味がないのです。建築についても同様で、せっかく保育者と設計者が「どのような建物をつくろうか？」という話し合いを始めたのに、「収納をなるべく多くしてほしい」「木をふんだんに使ってぬくもりのある建物に」といった要望に終始してしまうことは多いのではないでしょうか。しかし本当に考え、話し合うべきなのは、収納とか材質のことではなく、まずは「そこでどんな保育を展開しようとしているのか」ということなのです。その建物を見ただけで、そこでどんな保育が展開されるのかがわかるような空間づくり、部屋の配置、家具の配置でなければならないのです。

　古い話になりますが、2003年に放送されたNHKの「トップランナー」という番組に、アート・ディレクター＆クリエイティブ・ディレクターの佐藤可士和さんが出演していました。現在佐藤さんは、日本を代表するアートディレクターのひとりとして、さまざまなアートワークや商品開発、広告キャンペーンなどを手がけ、その活躍は広く世間に知られています。デザインの世界のトップランナーである佐藤さんがその番組で話していたのが「例えば幼稚園とかをやってみたい。教育とか医療とか、アートディレクションの力がほとんど利用されていないところで何かをやってみたい。僕はデザインの力をとても信じているから」というようなことでした。加えて「教育のカリキュラムをいじるより、アートディレクションのアプローチで解決できることだってたくさんあるかもしれないですから」ともいっていました。

　アートディレクションとは、美術的・芸術的表現を用いて、総合的な表現手段を計画・実現していく仕事です。よりよい表現とそれによって実現する未来のために、計画のプランニングから、実際の段取り、制作の方針から細部の決定までを総合的に監

督し実現へと導いていくものです。当然その工程には、さまざまな役割・力をもった多様な人たちが関わります。このように考えると、保育・あるいは保育の場を考えるという行為も、ここに通底するものだと思います。保育施設を建築する際、保育者は、自分が展開したい保育がどんなものか、そこに望んでいる子どもの望ましい発達や経験はどんなものかをしっかりと設計者に伝える。そして設計者は、保育者の考えをよく聞きながら、そこでどのような保育が実践されていくのかを理解し、現場の保育者が実際の保育の場でそれをどう保育に使っていくのかを考え、両者が話し合い、考えを摺り合わせる。そんな作業がもっと必要なのではないでしょうか。

　保育施設は、子ども自らが環境に働きかけ、発達していくという特性をもつ施設です。そういう意味では、学校のように先生が前に立って子どもに指示することが優先されるようなものではなく、子どもが主体となり、自発的に働きかけるような環境をつくっていかなくてはならないでしょう。また保育施設には、そこに子ども集団が存在するという特性もあります。ほかの子どもとの（子ども同士の）関わりによって、子どもは多くのことを学んでいきます。保育者は、そうした関わりが生まれるよう意識しながら、子どもの発達課程を理解し、保育環境を構成し、子どもの活動を見守っていかなければなりません。

　保育施設における子どものための空間は、いうまでもなく生活と遊びの場です。そして生活と遊びの両方に常に「学び」があるという意味では、すべてが学びの場でもあります。こうしたことから幼稚園教育要領は、1989（平成元）年の改訂から現在に至るまで一貫して《幼稚園教育は環境を通して行うものであることを基本とする》と謳っています。したがって保育者は、子どもとの信頼関係を十分に築き、子どもが身近な環境に主体的に関わり、環境との関わり方や意味に気づき、これらを取り込もうとして試行錯誤したり考えたりすることができるよう、子どもとともによりよい学びの環境を創造するように努めなくてはなりません。そしてその際保育者は、子どもの主体的な活動が保障されるよう子ども一人ひとりの行動の理解と予想に基づき、計画的に物的・空間的環境を構成しなければならないのです。保育所保育指針でも、《保育所は、その目的を達成するために、保育に関する専門性を有する職員が、家庭との緊密な連携の下に、子どもの状況や発達課程を踏まえ、保育所における環境を通して、養護及び教育を一体的に行うことを特性としている》と謳われています。つまりこの「環境を通して行う」ということが幼児教育の大原則なのです。そして具体的な方法として、保育所保育指針の中では、《子どもが自発的・意欲的に関われるような環境を

構成し、子どもの主体的な活動や子ども相互の関わりを大切にすること。特に、乳幼児期にふさわしい体験が得られるように、生活や遊びを通して総合的に保育すること》と書かれ、「保育の環境」については《保育の環境には、保育士等や子どもなどの人的環境、施設や遊具などの物的環境、更には自然や社会の事象などがある。保育所は、こうした人、物、場などの環境が相互に関連し合い、子どもの生活が豊かなものとなるよう、次の事項に留意しつつ、計画的に環境を構成し、工夫して保育しなければならない》とあり、具体的には《ア 子ども自らが環境に関わり、自発的に活動し、様々な経験を積んでいくことができるよう配慮すること》《イ 子どもの活動が豊かに展開されるよう、保育所の設備や環境を整え、保育所の保健的環境や安全の確保などに努めること》《ウ 保育室は、温かな親しみとくつろぎの場となるとともに、生き生きと活動できる場となるように配慮すること》《エ 子どもが人と関わる力を育てていくため、子ども自らが周囲の子どもや大人と関わっていくことができる環境を整えること》と書かれています。このように、保育者の専門性として、「環境を構成する力」が求められているのです。保育現場にとっての保育空間というものは、単に子どもを収容する場ではなく、とてつもなく大きな、そして多様な意味をもつものであることを不断に意識し、その意味を確認し続ける必要があるのです。

さらに、保育環境を考える際に特徴的なこととして、「動線設計」と「子ども集団」という2つのポイントがあります。

「動線設計」とは、建物に対して人がどのように近づき、入り、その中で行動するのかを考えることですが、保育施設には、さまざまな年齢・発達の子どもや保育者、保護者、地域の人など多様な人の動きがあります。これらの動きを計画することは、そこでどんな保育をするのかということと大きな関係があるのです。何と何をくっつけて、または離すのかということ、子どもの動きを予測できない場合は大きな一部屋にしておいて、子どもの動きに応じて家具を利用し動線に合わせて空間をつくっていくなど、どのような保育をするのか、部屋の用途が時間によってどう変化していくのかということも考えながら、環境づくりをしていかなければなりません。よく、子どもが落ち着かない、騒いでしまう、怪我が多いという悩みを聞きますが、それを簡単に「こころ」や「しつけ」の問題にしてしまうのは間違いです。こうした悩みがなかなか解決できないといった場合、空間のつくり方に原因がある場合も多いものです。

もうひとつ「子ども集団」についてですが、これが重要になってくるのは、地域社会や家庭の中に子ども集団がなくなってしまった現在、保育施設が唯一の子ども集団

の形成機会だからです。子ども自らが主体的に環境に関わり、また子ども同士が関わって十分に会話をする、子ども同士がいろいろな経験から学び合うことができるという視点を、私たちは常にもたなければなりません。かつては人との関わりというと保育者と子どもの関わりが中心視されていましたが、現在の発達理論では、子ども同士がどう関わったかが発達を促していく大きな要素であり、特に異年齢での関わりが重要であることがわかってきました。従ってこれからの保育環境の構成においては、単なる遊び場の確保、多目的な空間といったこと以上に、「小集団から広がりのある人間関係がつくれるような空間」という考え方が重要になってくるのです。

　本書『まなびのデザイン　「くうかん」』では、現在の私の園の実際の保育環境をもとに、これからの保育環境づくりに求められるものはどんなことか、具体的に一つひとつ考えていきます。幼稚園教育要領や保育所保育指針を整理すると、子どもが現在を最もよく生きるために必要な環境とは、「快適性、衛生、安全性が満たされた基本的な環境」「一人ひとりの発達に応じた環境」「生活習慣の自立を促す環境」「自発性を促す環境」「多様な遊びを促す環境」「人との多様な関わりを促す環境」です。そうした視点で、環境を見直していきましょう。また巻末にはチェックリストも用意しました。自園の環境の見直しや検証に役立てていただければ幸いです。

子ども一人ひとりを見守る
理想のくうかんづくり

科学
EM
ゾーン

ブロック
ゾーン

教室という空間から遊びのミュージアムへ

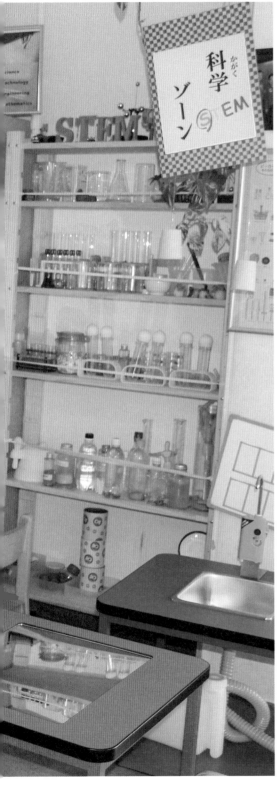

❶STEMゾーンには子ども心を探求に誘う教材を配置
❷さまざまな道具・材料（ゲームゾーン）
❸よく見えるところに展示して、いつも作品を楽しむ（ブロックゾーン）
❹使いやすく　わかりやすく　しまいやすく（多文化ゾーン）

❶「やりっぱなしでいい」。継続できるからこその発展（3・4・5歳児）

❷1歳から始まる他児との関わり・遊び

❸仲間を強く意識できるようになる2歳児クラスの遊び

①

❶視線の先に、手の届きそうなところにいつも、赤ちゃんの興味を引きつけるものを

❷生活に必要な移動が、「歩く」ことのモチベーションに（トイレに自分から行く1歳児）

❸赤ちゃんの目の高さに、見えるようにおもちゃを配置する

ここでおしたくするよ（2歳児クラス）

❶おしたく家具は部屋の間仕切りとしての役割を果たす

❷子ども集団の形成を意識した「丸く集まれる」ラグ

❸子ども同士の関わりに合わせてレールが長くなり、つながっていく・・・

❹ごっこ遊びの室内は小さく親密なニュアンスに

❺仲間を意識する意匠をあちこちに

食事の時間がまちどおしいな

❶３・４・５歳児を見ながら食事をする２歳児
❷共食を可能にする広々とした３・４・５歳児の食事ゾーン

❶静かに過ごすお茶室。和の心を感じて食事
❷暗い空間

①子どもからの要望に応えるフレキシブルゾーン
②階段も遊びと実験ゾーンに

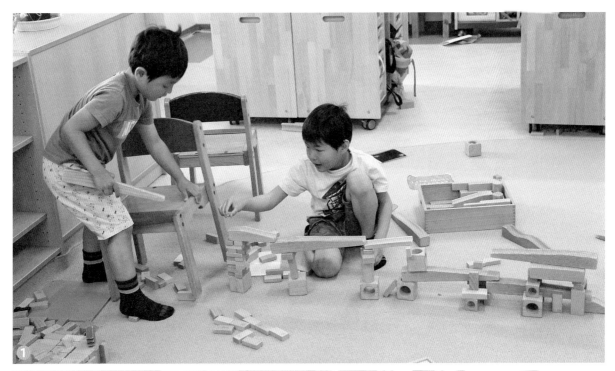

①計画、失敗、見直し、やり直し・・・。問題解決力を育む協働的作業
②なぜだろう？　ふしぎだな？　いろいろな声が新しい気づきにつながる

なになに？
どれどれ？

お外で遊ぼ

❶遊具と緑が一体となった園庭
❷小さなトンネルと築山
❸オタマジャクシがいっぱいのビオトープ
❹木漏れ日の中で遊ぶ

十分なスペースと時間が保障されることで発展する遊び

chapter 1

保育環境の
デザイン

「空間」としての環境

　人と出会い、ものに触れ、生活と遊びの中で発達していくためには、それらが効果的に機能するような空間が必要になります。6か月から1歳3か月未満の頃は、座る、這う、立つ、伝い歩きといった運動機能が発達するので、それらの行動を可能にするような広さが必要になります。2歳になり「ごっこ遊び」をするようになると、当然、その遊びを展開できるような場が必要になりますし、3歳になって基本的な運動機能が伸び、それに伴い食事、排泄、衣類の着脱などもほぼ自立できるようになる頃には、自分でそのようなことをすることのできる空間の用意が必要になります。また、異年齢の子どもたちから刺激を受けるためには、異年齢の子どもたちの生活を見ることができる空間が必要になりますし、子どもたち同士が集団で遊ぶようになれば、そのための空間が必要になります。

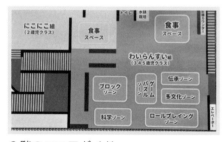

1階のフロアガイド

空間の計画

ワンフロア

　日本人の住まいについて、E・S・モースはこのように評しています。《日本の家屋をわがアメリカ家屋に比較した場合に見られる主要な相違点のうちの一つは、仕切り壁とか外壁とかの設営方法にある。わがアメリカの家屋にあっては、仕切り壁および外壁は堅牢であり、かつ耐久性をもっている。したがって、骨組みができ上がったときには、この仕切り壁がすでに骨組みの一部をなすのである。ところが、これとは逆に、日本家屋にあっては、耐久壁にまったく支えられていない側面が二つもしくはそれ以上も存在する。屋内構造においても、まったく同様で、耐久壁に匹敵するほどの堅牢性を持つ仕切り壁などは、ほとんどまったく存在しないのである。その代用として、床面と上部とで固定された溝に嵌めてするすると動かせるようになっている軽くてよく滑る襖がある。この固定された溝が各室を区切るようになっている。この動く襖は、これを左

2階のフロアガイド

右に動かせば開放されるようになっており、場合によっては全部を取りはずすことさえできるようになっている。襖を全部とりはずしてしまうと、数室を一括してひとつの大広間として使用することもできる。これと同じような全面撤去の仕方で、家屋のどの側面をも日照と外気とに向けて開け放つことができる。したがって、一つの部屋から他の部屋へ行こうとする場合に、自在ドアをあけるなどのことはぜんぜん必要がない。窓に代わるものとして、外襖（アウトサイド・スクリーン）、すなわち、白い紙を張った障子 *Shōji* があり、これをとおして屋外の陽光が室内に拡散するようになっている》

　このように、日本の伝統的な空間は、その活動内容や、そこで集う人数によって空間の大きさを変化させられるように、部屋をふすまのような可動間仕切りで仕切り、自由に空間を変化させてきたのです。

　文部科学省大臣官房文教施設企画部によって2018（平成30）年3月（改訂）に出された「幼稚園施設整備指針」には、幼児の主体的な活動を確保する施設整備として、自発的で創造的な活動を促す計画が必要であると謳っています。具体的には、《幼児の多様な活動に即して，幼児の豊かな創造性を発揮したり，幼児期にふさわしい生活を展開したりすることのできる施設として計画することが重要である。その際，様々なコーナーを設定したり，家具の配置を工夫できる弾力的で多目的な変化のある空間を計画したりすることも有効である》とあります。

　また、園舎計画の基本的事項として、《幼児の多様な活動の展開に柔軟に対応するため，必要に応じて移動・可動間仕切等を用いて多様な空間を構成できる計画が望ましい》と書かれています。

区切られた部屋

　一部屋ずつ区切られた保育室では、どのような保育をすればいいのでしょうか？　実は、ドイツなど海外の保育施設では、個別に区切られた保育室が多く見られます。しかし、その事情は、日本とは少し違うようです。日本の保育室は、学校の教室をイメージしてい

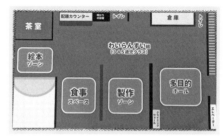

3階のフロアガイド

4階のフロアガイド

27

ます。小学校の学習指導要領には、学年ごとに到達目標が書かれて
います。ですから、当然学年で構成しなければなりません。それで
教室という、○○ができるようにするための部屋がつくられていく
のです。そして、その部屋の中で行われている授業を監視するため
に、廊下というものがつくられてきたのです。それは、現在では避
難路として、移動通路として使われています。

　それに対して幼児教育は、適当な環境を与えて、その心身の発達
を助長することを目的としています。そして、その発達を見るため
の切り口が領域です。その発達は連続性があり、決して年齢別に行
われるものではありません。そこで、ドイツなどにおける保育室は、
発達領域で部屋が分かれていることも多いのです。もともと外国で
は、家庭においても居間、食堂、寝室など用途によって部屋が分か
れています。保育施設も同様に、絵画制作の部屋、積み木の部屋、
絵本の部屋というように用途によって部屋が分かれているところが
多いのです。子どもたちは自分がやりたいことを、それが用意され
ている部屋に行って行うことができるのです。廊下は細長い空間と
して活用するため、避難するときには廊下を通らずに、直接部屋か
ら園庭に出ます。

日本の伝統的な空間

動線設計について

　私は保育施設を設計、計画する上で2つ大きなポイントがあると
思います。ひとつは動線計画です。

　「動線」というのは、人や乗り物などが動く道筋のこと、つまり
動く線です。建築物や、展示会場などの空間を機能的に計画する手
法のひとつです。動線と動線が交わらないで、目的地点に短い線で
行けるのがよいとされています。動線計画は、その建物にどのよう
に近づいていくのか、建物のどの場所から入るのか、そして中に入
るとどのように動いてどこに行って何をするのか、というように、
そこでの人の動きを考えることです。

やりたい活動の部屋に移動する

保育施設では、それぞれの年齢の子どもが登園から降園まで、どのように生活するかを考え、保育者がそれに対して、どのように動くかを考えます。

まず考えなければいけない動線計画は、保育施設への出入りに関してです。子どもがどう登園し、訪れる人たちがどう動くかということです。保育施設を訪れる人はさまざまです。まず、園児とその保護者です。そして、給食材業者、保育教材業者、郵便・宅配業者、来客、見学者、時によっては地域の人たちなども訪れます。その人たちは、保育施設を訪れる目的や、訪れる時間帯も異なります。その動きに従って、動線計画をつくります。この計画によって子どもの活動と活動がぶつからないよう、またさまざまな来園者、地域の人たちと施設の中でスムーズに動けるように計画を立てます。

子どもたちの出入り口

保育施設の中の動線

次に、保育の計画です。その保育施設の中で、どのような保育をしようとするのか、部屋の用途が時間によってどのように変化していくのかということを考えて、環境づくりをしていかなければなりません。子どもと職員の一日の動きを予想して、何を近づけ、何を離して計画したらいいか、ということを考えます。それから、保育活動の中での、子どもの動きを想定します。子どもが怪我をしたり、騒いだり、落ち着かなかったりするのには原因があります。その原因を簡単に子どもの「こころ」や「しつけ」の問題と決めつけてしまうのではなく、活動の順序、スペース、子どもの動き、関わりなど一つひとつ具体的に考えていく必要があります。こう考えると、動線計画は単なる動きの予測ではなく、「どのような保育をするのか」という大きなテーマにつながっているのです。

細かく分けた部屋での子どもの動線が推測できないときは、大きな一部屋にしておいて、あとで移動式のパーティションで区切るとか、家具によって区切ることで、子どもの動きに合わせて空間をつくっていくことも有効です。そのために、空間や環境は人の関係性

来客など大人の出入り口は別に

幼児室の朝の出席シールのスペース

常にほかの空間が近くに意識される・・・・。
家具で仕切られた保育室

を増幅させるものであり、壁や仕切りは、その関係性を遮断するのではなく関係性をスムーズに構築する役割として、見直さなければなりません。

オープンスペースという考え方はアメリカで生まれました。仕切りのない広いスペースの中で、子どもたちは思い思いに自分のコーナーを意識し活動します。しかし、日本とアメリカでは国民性が違います。日本でのオープンスペースの考え方は、スペースとしての広さが絶対条件にはなりません。空間に子どもの活動を合わせるのではなく、子どもの活動に空間を合わせるというような考え方をすべきであるということです。ですから一日のタイムテーブルを考えながら、子どもたちが朝登園してきて道具をどこにしまって、次にどこにどう行くかとか、給食のときにはどこで食器や食事を受け取り、席についてそれをまたどのように戻すのか、というように、活動の動き方を想定してものを置く位置なり、動くルートを考えると子どもの落ち着きが違ってきます。子どもたちの行動に落ち着きがない場合は、この動線が原因になっていることも多いようです。

ものの配置の工夫

私の園に、子ども同士がよくぶつかる場所がありました。そこは角になっていて、トイレに走っていく子と、トイレから急いで戻ろうとする子がよくぶつかりました。子どもに「ここは、危ないでしょ。向こうから誰が来るかわからないから、気をつけなさい！」とよくいって聞かせました。

しかし、子どもはすぐにそんなことは忘れてしまい、あせっているとつい走ってしまいます。職員との間で、「飛び出し注意の標語を貼ろうか」「カーブミラーをつけようか」「もっと、子どもに注意をしようか」などと話し合いをしました。ところが、ある方法を実行したところ、誰もぶつからなくなりました。それは、その角に観葉植物を置いたのです。人はどうしても、危ないとものを片付けようとします。しかし観葉植物があると、角を大回りしなくてはならず、ぶつかりにくくなったのです。一方、観葉植物を片付けてしま

うと、直線距離が長くなり見通しがよくなって、子どもは余計に走り回ってしまいます。それなのに、「走るな！」といっても、無理ですよね。

子どものこころの問題と環境

　前述したようにこれらの動きを計画することは、その建物の中で、どのように保育をするのかということと大きな関係があります。子どもと職員の一日の動きをあれこれ予想して、何と何を接近させ、離すかということ。細かく分けられた部屋での子どもの動線を推測できないときは大きな一部屋にしておいて、あとで家具によって子どもの動きに合わせて空間をつくっていくなど、その建物の中で、どのような保育をしようとするのか、部屋の用途が時間によってどのように変化していくかということも考えて、環境づくりをしていかなければなりません。

　保育の中で、子どもが怪我をしたり、騒いだり、落ち着かなかったりという問題が起きると、その原因を簡単に「こころ」や「しつけ」の問題にしてしまうことが多いようですが、このような子どもの問題がなかなか解決しない場合は、空間のつくり方に原因のあることが多いものです。子どものこころと体の動きに合わせた動線設計を心掛けなければならないのです。

動きに「ポーズ」をもたらす植栽

フレキシブルに動かせるキャスター付きの家具

ゾーニング（ゾーン設計）とは

コーナーとゾーン

子どもの「やりたいな！」を誘い出す

アメリカの保育室

保育室という空間は、子どもの生活と活動にとって欠かせないものです。子ども自らが環境に働きかけ、活動する場でなければならず、そのためには、子どもがこんなことをしたいと思い（意欲、動機）、それを実現できるような空間、やりたいと思うことを受け止めるような空間でなければなりません。単に、「幼児の遊び場の確保」をすればよいのではないのです。

例えば外国では、保育室の真ん中に広場的なものを置き、部屋の隅に子どもが選択し、活動できるさまざまな場所をつくっています。そのような場所を「コーナー」と呼びます。また、アメリカなどでは、一斉に何かをやらせるのではなく、子どもが興味、関心を持ったことを自らやれるような場を用意していました。そこで、そのような場を「インタレストセンター（興味、関心の対象の中心）」と呼んだりしました。しかし、「コーナー（角）」も「センター（中心）」も子ども主体といっても、結局はある閉じられた空間を用意し、そこでの活動を固定してしまうような気がします。もっと、子どもによって流動的に空間が構成されたり、ほかの空間と融合したり、小集団から広がりのある人間関係がつくれるような空間を用意する必要がある気がします。

使用目的を決め、その活動を行うために区切られた空間のことを「コーナー」と呼びます。さらに「物理的な区画」でありつつ子どもたちが遊び、集中できる環境を「ゾーン」と名付けました。

保育室の設計には、「ゾーン」を考える「ゾーニング（ゾーン設計）」計画が重要なポイントとなります。子どもがどこで、どのような生活、遊びを体験するのか、そこには、どのような人との関わりがあるのか、どのようなものを用意すればいいのか、そして、どのくらいの広さでどこに配置するのかを考えなければなりません。それが、ゾーンです。そして、そのゾーンは子どもによってゾーニングされていきます。

ゾーン体験

遊んでいる最中にこんな感覚をもつことがあります。

● リラックスしているのだけど、ものすごく集中している
● 体とこころが完全に一体化していて、自然に体が動いているような感じ
● 体の調子もよく、気持ちもワクワクしている
● 何もかもうまくいって最高の気分。絶好調

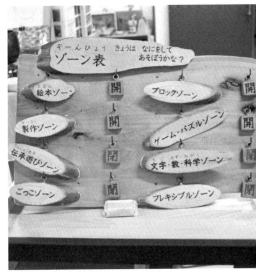

何の場所というより何をするか・・・・

このような感覚は、真剣にスポーツに取り組んでいるアスリートであれば、過去に一度は経験したことがあるそうです。このような体験を「ゾーン体験」といい、極度の集中状態にあり、ほかの思考や感情を忘れてしまうほど競技に没頭しているスポーツ選手が、体験する特殊な感覚のことです。これと同じような感覚を、遊びに没頭している子どもたちがもつことがあります。

このゾーン体験は、人がもっている力を最大限に引き出してくれますが、それだけでなく、この体験は子どもたちにとって、遊ぶ喜びと生きる喜びがひとつになる、とても幸福な体験でもあります。その幸福感、充実感は、遊びの達成感として、何かがつくれたとか、何かができるようになったとかいう結果以上に、「遊ぶことって素晴らしい！」「もっともっと続けたい」と思えるモチベーションとなります。

ゾーン体験は特別な人だけに、特別なときだけに起こるものではなく、ある程度意図的に大人からの働きかけで起こすことができます。そこで重要になるのが、「環境の準備」です。環境には、ほかの子ども、場所、出来事、ものなどがあります。それと「働きかけ」も重要です。保育者がそこで指示するのではなく、モデルとなるとか、仲間になることで主体的な体験をすることができます。また次の段階では、ほかの子どもからの働きかけにより、年長児がモデルとなり年少児が模倣しようとすることから、遊びの子ども文化が伝承されていきます。

リラックスしているけど集中している

33

子どもの挑戦意欲をかきたてるアイテム

本物を体験する

「ゾーン体験」を子どもたちがしているかどうかは、ベルギーのSICSという評価を使って、2つの観点から判断できます。そのひとつは、「感情のウェルビーイング」の度合いです。子どもたちが気楽に感じる度合い、子どもたちが自主的に行動する度合い、子どもたちが活気と自信を見せる度合いのことです。もうひとつは、「熱中・没頭（involvement）」で、それは発達のプロセスに関係するものであり、一人ひとりの子どもがどのように行動するかという重要な疑問に答えを示すものです。本質的に意欲が喚起され、活動を支える魅力的な環境をつくることを、大人に対して求めるものです。

その2つが見られない、あるいはその必要はないが、明確な使用意図のもとで区切られた場所が「コーナー」です。コーナーは、そのことを行うために区切られた空間のことを指します。

例えば、「おしたくコーナー」「生き物コーナー」「食器コーナー」「図書コーナー」は、そのものが用意され区切られた場所として示され、一方「ままごとゾーン」「観察ゾーン」「食事ゾーン」「絵本ゾーン」では、子どもがゾーン体験をしていきます。

実物と本を同時に見られる観察ゾーン

そのときの子どもの関心に合わせていろいろなものを用意する

色彩計画

　色というのは、視覚を通して得られる感覚の一種です。その色のもつ文化は、デザインや視覚芸術上の重要な要素であり、人間の生活そのものよりも、生活をより厚くするものとしての要素が大きいようです。私の園では、各年齢の発達やその年齢の特性から色彩計画を立て、その色を基本として、それぞれの年齢の部屋を構成しています。

　まず、保育室ごとに基調となる色が決められています。０～１歳児保育室は赤、２歳児保育室は黄色、３・４・５歳児保育室は緑色と水色ですが、なぜその色にしたかには意味があります。それぞれの発達過程での育ちを助長する色を選んでいるのです。

赤を基調とした０～１歳児の保育室

黄色を基調とした２歳児の部屋づくり

園テーマカラー（職員室・職員、見学者玄関）＝青

日常の職員にとってメインの出入り口。落ち着いた雰囲気と冷静沈着な判断が求められます。見学者にとっては、初めて訪れる施設の顔です。そこで、落ち着いた色、人の心を落ち着かせる色である青をテーマ色にしています。

0〜1歳児保育室＝赤

0〜1歳児期の保育室では、家庭のように安心して眠ることを主としながらも、はいはい、つかまり立ち、よちよち歩きなど重要な身体的発達を促す空間づくりを目指します。月齢6か月くらいまでは視覚が未発達で、ハイコントラストな色彩（黒・白・赤）を好む傾向があることから、元気で健康的なイメージである赤がテーマ色です。

2歳児保育室＝黄色

2歳児期は自分で食事ができる、服を着られる、排泄の意思を知らせるなど自分の意志で行動することが多くなります。それを踏まえ、基本的生活習慣の自立を促す空間づくりを目指します。社交的にさせ、コミュニケーション能力を向上させる黄色がテーマ色です。

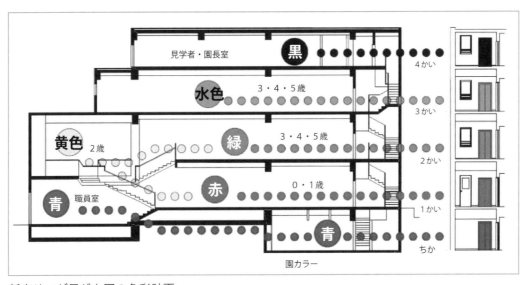

新宿せいが子ども園の色彩計画

活動の切り分けを意識しやすいようカラーリング

3・4・5歳児2階保育室（少しワイワイする空間）＝緑色

　2階の3・4・5歳児保育室は自分の意志で遊びを自由に選択できるスペース、他者との関わり合いの中から自立と自律を促す空間です。外の世界に目を向けいろいろな興味を提供する空間づくりを目指します。そこで、慈愛のこころ、客観性、健康意識、独自の目標を立てることなどを育てる効果のある緑色がテーマ色です。

3・4・5歳児3階保育室（静かに過ごす空間）＝水色

　自分のやりたいこと、やるべきことを見つけ、それを効率よくやることができるような空間です。創造性（製作ゾーン）を発揮でき、自分の想像力（絵本ゾーン）を刺激し、自分からの学習を後押しします。また、分析的洞察力（静、暗の空間）も促進させる色である水色がテーマ色です。

セミナー室、相談室、園長室＝黒

　すべての色を混ぜ合わせてできる色、すべてを受容する黒がテーマ色です。

外壁

　園のすぐ裏の高台に、緑豊かな「おとめ山公園」があります。おとめ山公園は落合崖線に残された斜面緑地です。江戸時代、おとめ山公園の敷地周辺は、将軍家の鷹狩や猪狩などの狩猟場でした。一帯を立ち入り禁止として「おとめ山（御留山、御禁止山）」と呼ばれ、現在の公園の名称の由来となっています。大正期に入り、相馬家が広大な庭園をもつ屋敷を造成しました。のちに売却され、森林の喪失を憂えた地元の人たちが「落合の秘境」を保存する運動を起こし、1969（昭和44）年にその一部が公園として開園しました。湧水・流れ・池・斜面樹林地からなる自然豊かな風致公園となっています。

セミナー室

その景観を損なわないようにと、私の園の外壁計画ではまず、壁面緑化をするために前面に格子を作り、そこに植物を這わせました。また、建物の色彩はその緑越しに見える色として、下から岩、土、水、空をイメージした色彩にしました。地域に溶け込む保育を目指すのであれば、地域から浮いてしまうような形態、色彩を計画するのではなく、地域と一体になるような工夫をすべきだと思っています。

相談室

背後の緑地帯に溶け込む園舎

chapter **2**

屋外空間の
デザイン

新しいもの・色との出会い

雨水を水やりに・・・・。環境への意識
付けは、無意識の体験から

園庭

子どもの発達に果たす園庭の役割・意義

　「子どもの権利条約」第31条には、《休息及び余暇についての児童の権利並びに児童がその年齢に適した遊び及びレクリエーションの活動を行い並びに文化的な生活及び芸術に自由に参加する権利を認める》とあります。「その年齢に適した遊び」は子どもの権利なのです。この言葉は、もう少し正確にいうと、「その発達に適した遊び」ということになります。というのは、子どもは自分の発達に合った遊びを面白いと感じ、自ら取り組もうとするからです。それは単に子どもがその遊びを好きかどうかということではなく、子どもがその時々に選んだ遊びは、人間の成長にとっての遊びの重要性を考え、提案しなければなりません。子どもたちの活動の中心は、遊びであり、遊びはものごとを学ぶのに最適な方法なのです。見る、聞く、触る、味わう、匂いをかぐという動作をするたびに、脳と神経細胞の連結部分シナプスの効果を増す信号が何回も脳に送られます。さまざまな最良の遊びがよりよい効果を促し、活動が繰り返されるごとに、連結箇所が強化されます。子どもたちが新しいものを発見し、興味を抱いたときに、神経への刺激が繰り返されるのです。このような効果が期待される園庭計画が必要になります。

1．五感を刺激する園庭

　平成8年度版「環境白書」の中では、《児童期における自然とふれあう遊びは、自然への親しみ感や愛情を醸成させ、人間と自然とのかかわりを知覚させるものと考えられる。さらに、自然とのふれあいが遊びという行為を通じてなされることの意味も大きい》としています。子どもにとっての最高の遊具は、自然界にある水、木、土だといわれています。これらを、どのように園庭に活かし、子どもたちが自然とふれあうことができるかを意図するのも必要です。子どもの頃から自然に触れ、自然と遊び、自然を使うことによって養われる感性や想像力が、人や自然に対する「思いやり」や「やさし

さ」をもつことにつながり、人と木や森との関わりを主体的に考えられる豊かなこころが育っていきます。こうした経験を通して、知恵と技術を培うことが、自然と人が共存して生きる「持続可能な社会」を生み出す力となっていくのです。環境教育とは公害や環境災害の恐怖を子どもたちに植え付けることではなく、手足や鼻、口、目、耳と五感のすべてを使って楽しく遊びながら自然に親しませ、自然を愛するこころを育てることなのです。

木々に囲まれて過ごす小屋

2．園庭・屋外での保育の可能性

　子どもというものは、好奇心が強く、探究心が強く、いろいろなことを知りたがり、やりたがります。それを満足させるものが屋外には多くあります。屋外でこそ、子どもたちはものごとをじかに体験することができるのです。その体験は、自然の中に多くあります。水が流れるところ、草むら、木々の間には子どもたちが遊んだり、発見できる可能性が無限にあります。かつての園庭というと、大きな空間と周りに遊具がいくつか備え付けてあるだけのところが多く見られました。この刷り込まれた園庭観を捨て、植樹に工夫を凝らして子どもたちがさまざまな遊びをしたり、隠れたりできる新しい愉快な空間をつくり出すことが必要です。もちろん一部には、走り回ったり、ボール遊びをするために広い空間を残しておくことが必要かもしれませんが、どこか一か所でも、木々の中で子どもが過ごすことができる場所を用意します。例えば、フェンス沿いでまだ植物のないところに低木の生け垣を植えたり、子どもが隠れられるような小さな茂みをつくったりするのです。

凸凹・水場・茂み

　このような園庭での遊びは、運動能力の向上はもとより、自然の科学的理解の基礎を与え、また、協調性や創造性、判断力、その他の人格形成や社会生活の訓練など、きわめて重要な役割があるのです。

　もうひとつ、最近の少子社会で必須の要素として「子ども集団」への意識も同時に考えていかなくてはなりません。いかに集団で遊ぶことを促すかということが、社会的スキルを高めることになるのです。

３．環境設定の上で留意したい点

　子どもにとって、自然はとても魅力的な遊びを提供してくれますが、反面自然界のものは衛生面に問題があり、危険を伴うことが多く管理には手間がかかります。雨が降るとぐちゃぐちゃになるので、土は嫌われます。火や水は危険だから禁止されています。現在の公園にはきれいに剪定された樹木はありますが、廃材を使って秘密基地を木の上に作ったりすることはできません。水があっても人工的な流れで、縁はコンクリートで固められ、魚はいませんし、ましてやオタマジャクシやカエルがいる泥っぽい水たまりは汚いものとして排除されます。この傾向は、子どもの世界から、自然の要素と子どもが自然と触れ合う場所を、どんどん奪ってしまいます。しかし、園庭は、決して、管理しやすいとか、危険が少ないとか、汚くないようにとか、大人の都合でつくられるべきではなく、あくまでも子どもにとってどんな意味があるのかを考えなくてはなりません。最近自然型公園として、ビオトープや林、サンクチュアリ的なものや冒険広場的なものが多く見られます。園庭も、もう一度見直す必要があります。

４．一般ドイツ幼稚園（フレーベルが考える園庭）

　ドイツの園庭は、ドイツでフレーベルが世界初の幼稚園として「一般ドイツ幼稚園」を開設したときの考え方を継承しています。フレーベルは、庭師が植物の本性に従って水や肥料をやり、日照や温度に配慮し、また剪定するように、教育者も子どもの本質に従ってその成長を保護し、助成するように働きかけなければならないと主張しました。そこで彼は、「学校＝園庭」とし、教師は知識を教える立場ではなく子どもの成長をサポートする庭師であるとしています。ですから彼は、そのような場所を「Kindergarten＝子どもたちの庭」と名付けました。フレーベルの考える園庭では、花壇や菜園や果樹園からなる庭を必ず設置すべきとしています。そして、植物を育て自然を観察し、自然に関わることを推奨しました。そこでは子どもたち自身が草花を育てます。そのために、ひとりにつきひとつ

さまざまな生き物と出会うビオトープ

自然のままに目に入ってくる緑を意識したミュンヘンの園庭

の花壇が与えられ、子どもは自分で自然を慈しむことで、自然の不思議や、いのちとはどんなものなのかを学びます。その庭は緑にあふれていて、砂場も充実しています。

　このフレーベルの考え方に影響を受けて、日本の保育学の偉大な先達である倉橋惣三は、園庭をこのように考えました。《できるだけ自然のままで、草の多い丘があり、平地があり、木蔭があり、くぼ地があり、段々があって、幼児がころんだり、走ったり、自由に遊ぶことができるような所がよい》《夏には木蔭となり、冬は日光が十分当たるように落葉樹を植えるとよい》《幼児にはできるだけ自然の美しさに親しませたい。それには日当たりのよい運動場の一部を花畑、菜園として野菜や花を作り、それを愛育するようにしむける》（文部省〈現・文部科学省〉『幼稚園教育百年史』1979年刊）

　「三種の神器」といわれるような遊具（ブランコ・滑り台・砂場）が設置された園庭よりも、自然の素材が配置されている園庭の方が子どもにとっていい、という考え方が提唱されています。そうした園庭では、自然の素材が遊びの空間を構成すると同時に、遊びの道具にもなっています。子どもにとっては、生け垣や地形がつくり出す細やかな空間や、枝葉や石や池、そしてそこに棲む動植物が遊びの創造力を刺激するのです。その刺激は変化をもたらし、自然の変化とともに子どもは成長していくのです。

季節の移ろいを感じさせる樹木

花、緑・・・自然の変化を感じられる植物

地域の活用、屋上の活用

　園庭は、子どもの育ちにとってとても大切なものですが、地域によっては、広く取ったり、林をつくったりできない場合があります。また、フレーベルが提案するような菜園もなかなかつくれない場所もあります。そのような場合は、まず、地域の資源を活用することが大切です。新宿せいが子ども園は都心にあるため、園庭を広く取ることができません。そのために活用するのが、隣接する公園です。そこは緑が豊富にあり、湧水が流れ崖や林があり、自然なビオトープがあるのです。そこを流れる川では、外来種であるアメリカザリガニなどを、子どもたちは捕ってもいいことになっています。その公園に常駐する管理人さんとよく連携を取り、子どもたちはほぼ毎日その公園に出かけて、崖を登ったり、ドングリを採ったり、カエルの餌にするバッタを捕ってきたりします。

　また、子どもたちには広いところを駆け回る体験も必要です。そんなときには、目の前にある小学校と連携して、週に2時間ほど、校庭を開放してもらいます。このように、地域全体が子どもたちの保育室になるのです。また、地元の住民の方々も、地域の保育者です。子どもたちは、地元の人にあいさつをすることで、誰の顔は知っているか、誰が安心できる人かを園の保育者や保護者を通じて学んでいきます。さらに遠足では、地域のウォークラリーに参加し、親子で地域の人たちと触れ合っています。

菜園の確保

　園庭の役割部分を補うために、菜園をレンタルするなどほかの場所を活用することも必要です。

　韓国では、保育施設に菜園を設けることが義務付けられています。ビルの一室にある保育施設では、菜園を確保できないため地域の公園と契約して、その一角を保育施設の菜園にしているところもありました。しかし、その場所が近ければいいのですが、日常的に子どもたちが世話をしたり、その成長を日々確認したりすることができ

園庭とは別のワクワク感

保育室からよく見えるテラスにつくった
ハーブガーデン

近隣の公園など地域の資源を活用（おとめ山公園）

屋上を活用した菜園。小さなスペースでもハーブなどが育てられる

ないという欠点があります。そんなときは、屋上を活用します。屋上緑化には、景観のほか、室温調節の効果がありますが、菜園などに活用することもできます。新宿せいが子ども園では、屋上菜園で、子どもたちが調理をする材料の野菜を育てたり、五感を刺激したりするためのハーブガーデンもあります。さまざまなハーブに交じってお茶の木や、蚕の餌にするための桑の木も植えられています。

地域の人たちが集う場の提供

　保育施設は地域の子育てセンターとしての役割が一層重要となってきます。通りかかった近所の人がちょっと足を止めて会話を楽しむ。そんな場所を提供したいと考えていました。そこで、外壁に棚を3段作り、豊富な地下水をそれぞれの棚に溜めることにしました。メダカの成長やイネの生長、スイレンの開花など、季節ごとに通りかかった人たちの目を楽しませ喜ばせています。また、ここは小学生が選ぶ地域の憩いの場所ベスト3に挙げられました。

外壁につくられた棚池

chapter 3

屋内空間の
デザイン

スキップフロア

　新宿せいが子ども園は傾斜地に建っています。そこで、立地条件が活きるようにスキップフロア方式を採ることにしました。建物全体は地下1階、地上4階の5層構造です。

　地下は職員と来園者専用玄関、職員のロッカー室、職員休憩室、シャワールーム、倉庫を設置。1階が0〜1歳児保育室、職員室、半分上がって中2階が2歳児保育室、さらに上がって2階と3階が3・4・5歳児保育室、4階が園長室、相談室、セミナー室となっており、年齢によって少しずつ階が上がっていく方式です。

　0〜1歳児保育室からは2歳児保育室を、2歳児保育室からは3・4・5歳児保育室を見通すことができます。大きくなったら上の階のクラスに行けると明確にわかることが、このスキップフロア方式の長所です。

いつも隣（上下）の室内を意識できる緩やかに連続した空間

階段を上がるごとに広がっていく多彩な遊び **4F**

小さな階段の先に幼児室のゾーンが見える **3F**

2歳児室を少し上がると3・4・5歳児室 **2F**

0〜1歳児室から2歳児室へ **1F**

エントランスから0〜1歳児室へ **B1**

エントランス

❶ エントランスホール

エントランスホールは園の顔ともいえる大切なスペースです。登園した園児は、毎日ここで靴を履き替えたり上着を脱いだりします。あたりまえに見える行動も着脱の自立を獲得していく大切な過程です。子どもたちは十分にスペースを取った「おしたくコーナー」で、自分のペースで準備をすることができます。また、エントランスホールは保護者にとっては園からの情報を確認する場です。園からのお知らせ、クラスごとのお知らせ、給食の展示など、的確な情報をわかりやすく発信するための工夫も必要です。アルコーブ（部屋や廊下、ホールなどの壁面の一部をくぼませるなど、後退させてつくった空間のこと。一部が壁面に入り込んで小部屋のようになっている部分、空間のこと）などの余裕スペースを計画することも面白いです。

さまざまな情報を集約したエントランススペース

❷ おしたくコーナー

玄関を入ったところにゆったりとスペースを確保します。登・降園の際に子どもと保護者、子ども同士、保護者同士、保育者などがあいさつを交わすことができるよう、スペースにゆとりをもって配置することが望ましいです。また、登園のとき、靴、コート、帽子、ヘルメットなど、部屋に持ち込まないようエントランスホールに置く場所を用意します。その際、最近の子どもの靴は、立ったままスッと履ける靴ではなくなっているため、座って靴の着脱ができるようなベンチがあると便利です。また、散歩などから子どもたちが自然物などを持って帰ってきた場合、それを家に持ち帰るまでの間個別に置いておけるスペースがあればさらにいいでしょう。

掲示・配布の形を工夫・・・

❸ 情報発信のコーナー

園からのお知らせ、クラスごとのお知らせ、給食の展示などが見やすく掲示できるようにする必要があります。見てくれないからと

靴・帽子・カバンなど室外で使うものは、まとめて、ここに

保護者へのお知らせはカテゴリーごとにわかりやすく

いって、あちこちにべたべた貼るのはかえって逆効果です。いつも同じ場所に掲示するようにします。給食展示も、メニュー紹介から食育に関するものまで掲示します。食材の産地や生産者の写真、料理の作り方も掲示したりするといいでしょう。保健の面からも、感染症情報や、子どもの出欠席情報などを掲示します。また、職員、ボランティアなど、スタッフ全員を写真で紹介します。

また、保護者との情報共有の場として、登・降園の際に、親子で絵本を読んだり、一息ついたりできるスペースを確保します。さらに、絵本や保護者向け書籍などの貸し出しを行うための書棚などがあるといいでしょう。

スタッフの掲示は顔写真で・・・

❹待ちの癒やし空間

子どもたちの送迎時の待ち時間に、保護者と子どもがホッと一息つけるような空間を工夫します。本や飼っている魚などを見ることができるようにしたり、お茶スペースなどを用意するのもいいかもしれません。

❺エントランスの留意点

エントランスホールには、業者をはじめとして不特定多数の人が出入りします。そこで、事務室など、常時職員のいるスペースからエントランスおよび園庭、敷地入り口（門）への見通しを確保した配置計画をし、不審者の侵入に対処することが重要です。子どもと保護者用とは別に、見学者や来客、業者用の出入り口を用意し、不用意に交わらない動線設計が必要になります。また、子ども・保護者の園舎および保育室への出入りについては、職員が常に確認できるよう、昇降口の数、位置、形態、動線を併せて計画することが重要です。出入り口については、保育所利用者と職員のみが出入りできるよう、オートロックシステム、テンキーパッド、カードリーダーなどの認証装置や遠隔操作装置などを導入することが必要であり、園全体の出入り口に、防犯カメラを使用することは、不審者の侵入を未然に防ぐためにも有効です。さらに、個人情報の掲示には配慮

ホッと一息つけるやさしいスペースを工夫

子どもが使う出入り口はいつも見通しよく

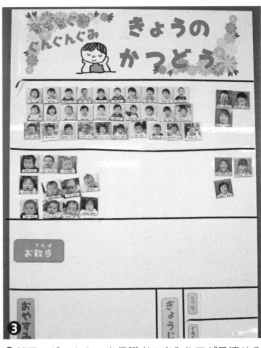

❶部屋のどこからでも保護者の出入り口が見渡せる

❷明るく採光のよいエントランス

❸子ども自身の情報は保育室の内側に

が必要です。子どもの写真や名前などは、できれば保育室内に掲示するのが好ましいと思います。ここで、保護者と保育者が情報交換や記録、確認を行うことがあるので、保護者や保育者が子どもから目を離さずに対話できるよう、配置や開口部のデザインに配慮することも重要です。

パブリックスペース

　保育施設のパブリックスペースといってまず頭に浮かぶのはホールです。ところが私の園にはホールがありません。見学者に「ホールがなくて、発表会や卒園式などの園行事はどこでやるのですか?」と質問されることがあります。ホールは1年に何度も使うわけではないのに広いスペースを占めます。そのために毎日使う保育室が狭くなってしまうのはおかしくないでしょうか?　そこで、思い切ってホールをなくしました。そのかわり3・4・5歳児保育室はゆったりしたスペースにします。発表会など園行事を行うときは、キャスター付きの家具を移動すればホールに変えることができます。

　また私の園では、地域の連携ということで、発表会は小学校の体育館を、運動会は中学校の体育館をお借りしています。園の行事への参観は、保護者だけでなく、祖父母や親類まで来るようになりました。そうなると園の設備ではどうしても観覧席が狭くなり、子どもたちの姿を見ることが難しくなります。体育館を借りることで、ゆったりと見てもらえるようになりました。ホールを室内運動場として使っているところもありますが、ホールほどの広さはなくても遊具をうまく配置すれば、子どもの運動能力を十分アップさせることができます。園の中の保育室にボルダリングを設置したり、スイングする遊具を天井から吊るしたり、床には室内運動遊具やマットを並べ、サーキットを行ったり、小学校の体育館ほどの広いスペースがなくても、乳幼児にとっては十分な運動スペースになります。

　私の園には廊下もありません。保育施設に廊下は不要だと考えるからです。もし廊下が必要な場合でも、廊下をただ通路として使う

可動式の家具を使って保育室をフルに
有効活用

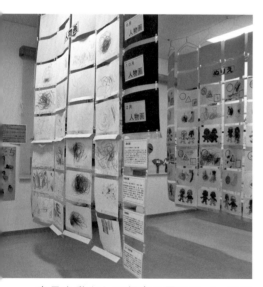

家具を動かして行事の展示スペースに
(写真は成長度を示す展示)

❶1Fエントランスホールから２Fへ。ダイナミックな動きを生む
　室内大型遊具
❷天井から吊るす遊具

1段、2段・・・・。数を意識すれば階段も学びの場に

のはもったいないことです。ドイツにも廊下のある保育施設があります が、電車のおもちゃを走らせたり積み木遊びをしたり、細長いスペースを活用できるようになっています。廊下は細長い遊びのゾーンとして活かすことができる空間です。

階段

保育施設の理想は平屋といわれていますが、私の園には階段があります。都心の一般住宅では平屋の家は少なく、日常生活でも階段は欠かせません。子どもの平均的な生活環境を考えれば階段があっても問題はないでしょう。それどころか、階段を上ることは子どもの脳によい影響を与えます。また階段を上って上から見下ろすことも、脳の発達にはよいそうです。ドイツでは平屋の園でも階段を上って上から見下ろすことができるよう、保育施設の中にロフトをつくっています。

新宿せいが子ども園では、途中で定員を増やしたために、3・4・5歳児の保育室は2階と3階に分かれてしまい、日常的に子どもたちは階段を上り下りする必要があります。そのときに、危険ではないかと心配する人たちがいます。確かに、大人から見ると階段は子どもたちにとって危険に思われます。しかし、それは子どもたちからみても同じで、階段の上り下りには気をつけます。子どもの怪我は、かえって危険ではないと思われるような平らなところとか、広い空間で起きることの方が多いのです。

階段の日常的な上り下りも貴重な経験。0〜1歳児室から2歳児室へ、2歳児室から3・4・5歳児室へ

❶ロフトが室内に立体感をもたらす
❷ロフトの内部・下部は親しみのある小空間に
❸ロフトから下を見下ろすことで脳内の刺激に

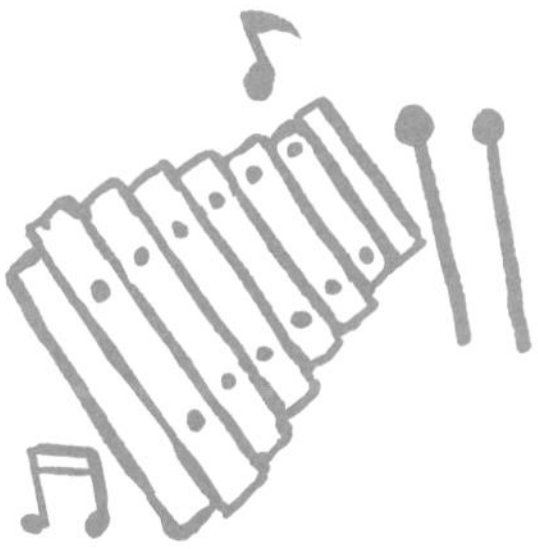

chapter

4

保育室の
デザイン

0 〜 1歳児の保育室 (年齢的には0〜2歳までが対象となる)

　日本では0歳児保育室、1歳児保育室など生年月日による年齢別のクラス分けをあたりまえに行っています。でも、よく考えてみるとおかしな分け方です。0歳児クラスにいる子どもは誕生日がくれば1歳になります。すると、同じ空間に、まだ寝返りも満足にできない子どもと、立ち上がり、歩き始め、走り始めた子どもがいることになります。特に、日本における0歳児クラスは、途中入園を含めると、生年月日はほぼ2年の差がある子たちが同じ空間にいることになります。しかも0歳の子が1歳になったら1歳児のクラスに移るのかというとそうではありません。月齢による発達の違いが大きく、発達の個人差も大きいこの時期、便宜的に生年月日でクラス分けをするのは子どもの実情にそぐわないのです。そこで私の園では0歳から満2歳になるまでの子どもたちは、属するクラスはそのままで、それぞれの子どもの発達の連続性を保障した広いひとつの空間で生活するようにしています。そして、遊ぶこと、食べること、寝ること、それぞれの生活がきちんと個々の子どものペースで行うことができるように、保育室の空間は「寝・食・遊」の3つのスペースに分けられています。保育室という空間は、子どもを収容する場所ではなく、子ども一人ひとりの生活の連続性を尊重し、発達の連続性を保障するような環境を確保する必要があるのです。そして遊ぶスペースは発達過程によって3つのゾーンに分かれています。

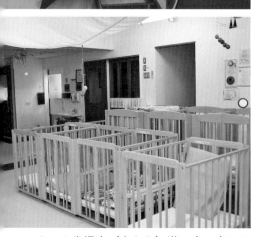

0〜1歳児室（上から）遊・食・寝のスペース。それぞれを独立させることで心おきなく活動ができる

（上から）遊・食・寝のスペースでの子どもたちの活動の様子

柔らかな布モビールで安らぎ感を演出

寝るスペース

　発達過程によって2つのスペースに分かれています。そのひとつは、午前寝をしたり、一日のうちに何回も寝たりする子どもたちのためのスペースです。そこは、いつでも見守れるように、保育者が活動しているそばにサークルを置きます。あまり暗くする必要はありませんが、あおむけで寝ている子のために、照明の光が直接目に入ったり、風や日差し、空調が直接当たったりしないように、布を使ってコントロールします。時には、障子越しの柔らかい光も寝るスペースには心地よいものです。もうひとつは、午睡の時間帯に寝る子どもたちのためのスペースです。午前中の活動の疲れを癒やすための午睡の場所なので、薄暗く、静かな環境を用意します。添い寝をすることもあるので、シートマットの上に布団を敷いておきます。ベビーベッドを使用する場合は、ベビーベッドの周りに十分なスペースを確保し、保育者が乳児を抱き上げたり寝かせたりすることができるよう、計画することが重要です。

❶障子越しに光が差し込む午睡スペース
❷午睡の空間は暗くしすぎず適度な明るさを

目の届くところにいろいろなものを配置して（0歳児室）

床にクッション性をもたせておき、可動式遊具で運動遊びの場に（1歳児室）

受け渡しスペースの近くにはオムツ交換台を・・・

室内にいてもいつも緑が目に入るように・・・

保育室と連携のよい調乳室

トイレ

　この時期は、まだまだオムツをしています。伝い歩きができる頃までの子は、遊ぶ空間や、寝る空間にオムツの交換台を置きます。保護者が室内まで入れる場合は、そこで替えられるようにし、また受け渡しコーナーがある場合は、そこでオムツが交換できるようにすると便利です。

　自分で歩けるようになると、排泄の自立に向けて、少しずつ準備をしていきます。オムツ交換は、トイレの前に空間をつくり、そこで替えることができるようにします。並行して、便器にも座る練習を始めます。トイレまでは、遊びの途中、食事の後など自分から行けるように動線を考えます。

観葉植物

　緑を見ることは子どもの精神が安定するだけでなく、観葉植物には空気の浄化、加湿の働きもあります。しかし、乳児は観葉植物を倒してしまったり、葉をむしったり、土をいじったりすることがあるため、上から吊るすなど、手の届かないところに置く必要があります。

調乳室

　調乳室または調乳コーナーは0歳児・乳児保育室と隣接した位置に計画します。間仕切りをガラスなどにして保育室の様子が眺められるよう配慮し、保育者が子どもから長時間目を離さずに使用できるようにすることが重要です。調乳室または調乳コーナーには、流し、消毒器、殺菌保管庫、電子レンジなどの必要な設備を設置できるよう、広さや形状に配慮した計画を立てるとよいでしょう。

❶トイレの前のオムツ交換スペース。オムツからトイレへの自然な移行に
❷トイレへの道筋はシンプルに歩きやすく

❶1対1で必ず抱っこをして授乳
❷自分で食べようとする気持ちが表れ始めたら、3対1で対応
❸スプーンを自分で持って、口に運び始めたら、6対1で対応

食事のスペース

　食事の自立の発達段階によって、保育者の関わり方の距離感が変わります。授乳期は、1対1で必ず抱っこをして授乳します。離乳食が始まる頃は、2対1で対応し、自分で食べようとする気持ちが表れ始めたら、3対1で対応します。ほかの子にスプーンで食事を与えている間、思わず手づかみで食べようとする子もいます。手づかみ食べが始まったら、4対1で対応し、スプーンで食べることを教えていきます。スプーンを自分で持って、口に運び始めたら、6対1で対応し、きちんと自分で食べられるようになったら、8対1で対応します。この配置の違いによって、食べ始める時間も変えていきます。子どもが遊びに使える時間が次第に長くなっていくからです。この配置はその子の状態によって、またアレルギーの有無などによって柔軟に対応します。

　まだ手づかみで食べ、床にいっぱいこぼす時期は、自分で食べようとする気持ちを大切にするために、床にこぼしても気にしないように、子どもをハイチェアに座らせ、床には下ろさないようにします。そして、食べ終わった後で、ゆっくりと床を掃除します。椅子には自分の写真が貼ってあるので、自分の座る場所は自分で探すことができます。

　それぞれの子どもの椅子を決めるときの注意点は、ハイチェアの場合は、その子に合わせて座板の奥行きと、高さ、足を置く高さを調節します。ローチェアの場合は、座面の高さを調節し、奥行きは背中にクッションを入れ、それでも足が浮いてしまうようなら、足置きを置くことで調節します。

　また、私の園では調理室がオール電化です。火は使用しないので、調理するカウンターにシャッターは必要ありません。そこで、0〜1歳児と調理のスタッフはカウンター越しに会話ができるようになっています。

❶ハイチェアを使った食事（介助食）。保育者も姿勢よく向き合える
❷食べこぼしを気にするよりも食べる意欲を大切に

❸介助食の子も常に自分で食べる子を見られるように
❹保育者も自然な姿勢で向き合い言葉をかける

手の届く低いところにおもちゃを用意

赤ちゃんの視線に合わせて本棚を低く

遊びのスペース
❶寝返りから伝い歩きまでのゾーン

　安心して寝返りができ、十分にはいはい、伝い歩きができる空間を用意します。この空間を確保しながら、この時期に必要なおもちゃを周りには用意し、置く位置は、それぞれの発達課題に合わせます。まだ寝返りができない頃は、あおむけに寝て、手の届くところに触ったり、揺らしたり、握ったりするおもちゃを吊り下げます。また、その動きを目で追うことができるように、風が吹くとゆったりと動くモビールなどを飾ります。さらに、音が鳴るようなウインドチャイムを吊るし、どこから音がしているか気づくようにします。

　寝返りをする頃になると、顔を横に動かすようになります。そこで、隣にほかの子を寝かせると、その子に触ろうとしたり、じっと見つめるようになります。また、興味をもつであろうおもちゃを、周りに散らしておきます。赤ちゃんは、それを取ろうとして体をよじり、ふとした瞬間に寝返りをするようになります。赤ちゃんにとって、寝返りは自分ひとりで移動する手段です。移動したいという心情が生まれるような環境を設定していきます。

　そして、赤ちゃんの周りに散らしておいたおもちゃを一日に何回か入れ替えます。ずり這い、はいはいの頃になると、少し広い空間が必要になります。この頃にも、赤ちゃんがはいはいをしたくなるような心情が生まれる環境を設定します。それには、欲しいもの、興味のあるもの、触ってみたいもの、抱っこしてもらいたい人が視線の先にある／いることが必要です。おもちゃを置く場所も重要で、ずり這いの頃には、うつぶせで顔を上げたときの目の高さに、はいはいする頃には、四つん這いになった姿勢の目の高さに、興味のあるおもちゃを並べます。ただし、赤ちゃんが興味を示したときも注意が必要です。そのサインを感じ取って、おもちゃを取って渡したり、周りに置いてしまったりすると、発達は促されなくなってしまうからです。赤ちゃんが自らそこに移動しようとすることが必要です。もし、そこまで這うことができないとしたら、這うことができる距離のほんの少しだけ先にものを置くことで、発達を促すことが

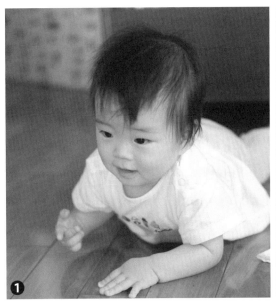

❶ずり這いの子の目の先に興味のあるものを置いておく
❷おもちゃに向かってずり這い・・・・。子ども自身が環境に関わる

❸体を動かしたくなったら、自分で移動をする

できるのです。

　また、この頃になると、手で触ると同時になめてそのものを確かめるようになります。そこで、おもちゃなどは水で洗って拭くなど清潔にする必要がありますが、過度に薬品を使って清潔にしすぎると、かえって菌への抵抗力がなくなってしまうので、普段は水拭きで十分のような気がします。

　床は、膝をついてはいはいをするために、あまり滑らず、落ちているものに気がつきやすいよう畳などを使用するのがよいと思います。また、自然素材でできた畳などは、それ自体も呼吸するので、湿気も調整してくれます。

　同じように、つかまり立ちするようになる時期には、つかまり立ちするとのぞき込めるような棚の上に、興味のあるおもちゃを並べておきます。赤ちゃんはそのもの欲しさに、棚につかまって立とうとします。そのために、つかまっても倒れない棚が必要です。

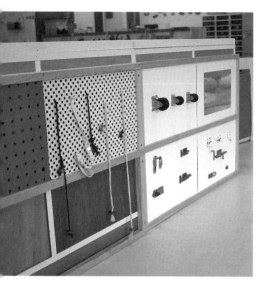

家具の背面に興味のありそうなアイテムをくっつけておく

❷歩き出してからの静的遊びのゾーン

　保育者が遊び相手となったり、時には保育者に見守られたりしながら、ひとりで落ち着いて座っておもちゃで遊ぶことができる空間を用意します。子どもが自ら選び、自ら取り出して遊べるように、おもちゃや絵本は見やすいように棚に置き、遊んだ後、それらをどこにしまえばよいかを自分で見つけられるように、棚に写真を貼って、ものと対応しやすくしておきます。しかし、まだ事前にどんなおもちゃで遊ぼうかというような心情はもっていないので、まず目についたものに興味をもちます。遊んでいる最中でも、目につけばそこに興味は移っていきます。そのため、遊びの種類によってゾーン分けしておく必要はまだありません。また、使い終わったら片付けてから次に移るように促す必要もまだありません。片付けは子どもの興味が途切れたときや、何もしていないときに、保育者の片付けを手伝ってもらうように促すことから始めます。

　この頃は、まだ子ども同士で役割分担をしながら遊ぶことはせず、お互いに関与しない平行遊びをします。しかしそれは、関わってい

異なる足触りを楽しむしかけ（石・球・スポンジ）

鏡やパペットなど、目や手の届くところにこころ
を引きつけるものを配置する

「片付けていない」のではなく「子どもの興味を引きつけるチャンスがたくさんある」と捉えたい

ないのではなく、お互いに意識したり、真似をしたり、子ども同士は影響し合っているのです。そこで、お互いの遊びを見ることができるような環境を用意します。

❸ 歩き出してからの動的遊びのゾーン

　走ったり、体を動かしたくなったりする空間を用意します。そこでは、クッション、坂道、狭い道、走り回る広い空間、風船遊びやボール遊びができる空間など、さまざまな用途に応えられるようにします。また、この頃の保育の課題としては、歩き始めた喜びを満足させることが必要なので、生活の中でも歩くことを多く取り入れます。トイレに行くまでの道、手を洗うために水道まで歩くスペース、それらを子どもが自ら移動していく必要があるのです。時には、その途中に、傾斜や階段をつくって変化をもたせる工夫をします。手っ取り早く遊ばせようと、抱っこして遊び場に連れて行くことがありますが、この時期の大切さを勘違いしています。歩くこと、走ることが発達課題なのです。また、子ども同士がじゃれ合い遊びをすることも大切です。体を使って、お互いがじゃれたり、関わったりすることが重要なのです。

いつでも使えるように、さまざまなクッションや風船を用意しておく

大きなクッションや風船を使った遊び

坂や凸凹、歩き始めた喜びを満たす遊具

口にものを入れるのも大事な「探索」

探索

　もうひとつ、この時期に大切な行動があります。それは、「探索」です。乳児期では、赤ちゃんは環境を利用して遊ぶよりも環境を探索することに多くの時間を割くようです。探索は、情報収集のための冒険であり、最も初期の段階では口にものを入れたり、単純にものをいじったりすることから始まります。探索を通して子どもは身の周りの環境を知り、この情報によって遊びの基礎が培われるのです。探索は遊びとは区別して考えなければならないといいます。この探索という行動は、遊び同様、ヒト以外の動物の子どもにも存在します。探索によって新しい場所について知ることができるため、探索は新しい場所に移り住んだり、新しい場所を略奪したりする動物にとって特に役立ちます。しかしこの探索を誰でも行うかというとそうではなく、探索を行うのは分化した大脳皮質をもつ動物だけだそうです。ちなみに人間では、探索は遊びに先行します。生後9か月間は探索が行動の大部分を占め、12か月までに、遊びと探索が同時に起こるようになり、18か月までに子どもは探索よりも遊びを通して環境との相互作用を行うようになるそうです。

　また乳児期を通して、男児は女児よりも探索を行うことが多く、広い場所を探索する傾向があるそうです。これらは、保育現場でもよく見られることです。これをもっと大局的に見ると、人間の進化において男性は狩人の役割を果たしており、それにはさまざまな環境を探索して熟知することが必要だったということに起因していると思います。また、ものを使って遊べるようになる前にものを探索し、その特性を知らなければならないという点でも、探索は遊びに先行します。探索における場所やものへの情報収集があって、その後の遊びにつながっていくようです。その移動距離と危機回避能力は比例するという研究結果もあります。

　私たちは、この年齢の子どもを保育するにあたって、これらのことをよく理解しなければなりません。（動き回れない）狭すぎる部屋や、（自由のない）大人の管理下では探索活動を保障することが難しくなります。しかし、この探索行動はとても重要なのです。

赤ちゃんにとって眼前に広がる空間は常に探索の対象

❶❷周囲の環境、安全に注意して子どもの探索を保障する
❸同時に、さまざまな形で起こる探索

乳児の受け入れ・受け渡し

　普段の子どもたちの生活空間がどのような場所なのか、そこでどのように生活しているのか見ることができるようにすると、保護者の安心感につながります。保育室内まで入ることは自由です。ただし、はいはいするような場所には入ることはできません。そこでは、気軽に保育者に声をかけられるような関わりが必要になります。また、同時に、保護者と保育者が円滑に子どもの受け渡しを行えるよう配慮すること、衣類などの準備や持ち帰りなどもスムーズに行えるようにすることが重要です。登・降園の際に保護者がオムツ交換を行えるよう、利用しやすい位置にオムツ交換台などの設備を設置することも望ましい配慮のひとつです。

受け渡しスペースから、保育室を見渡す

2歳児の保育室

発達の把握

　私の園では異年齢児保育が基本ですが、2歳児クラスだけは例外的に単独で保育します。世界的に見てもこのような保育形態をとっているところは珍しいようですが、2歳児を単独で保育することには理由があります。2歳児の時期は、自分の意志で筋肉を動かすことができる随意筋が発達してきます。そこで、誰もが遂げなければならない発達＝基本的生活習慣の自立がほぼ完成し、個性の発達へと向かい始める準備期間になるからです。もし3歳児になる頃になっても基本的生活習慣の自立ができないならば、発達の偏りなどに気をつけなければなりません。もちろんそれは、「障がいのある子」と判断することではなく、保護者へ宣告することでもなく、3歳以上児からの保育においてどのような特別な配慮が必要かを見極めるためです。ですから一応、この段階で発達を把握しておく必要があるのです。

　またこの時期は、みんなでいっしょにいること、やることの楽しさをじっくり味わう一方で、待つ、順番を守る、我慢するなど、耐性を身につける経験を重ねることも大切です。この時期は、人と関わる力が育つ基礎になるからです。このクラスの子どもたちはその年度内に全員3歳児になっていきます。昔から「三つ子の魂百まで」といわれてきたように、この時期は生涯を通してとても大切な時期なのです。

基本的生活習慣の自立

　基本的生活習慣の自立のために、子どもが自らしたくができるようにするなど、生活習慣の自立を促す環境が必要になります。靴の履き替えスペースや収納などは、子どもが自分で出し入れできる寸法に計画することが重要です。また、衣類、タオル、コップ、歯ブラシなどの収納は、子どもが自ら出し入れしやすい位置に設置するほか、高さ、奥行きの寸法に配慮することも必要です。さらに、子

❶仲間と協力する喜びを味わう（レール遊び）
❷生活習慣の自立のための工夫
❸自分でやるためには、子どもがやりやすい位置に

どもが安心して主体的に行えるよう、保護者や保育者が見守れる場所に配置するとよいでしょう。着替えのための環境として、個人の衣類などの収納場所は、保育室内や午睡をするスペースなど、子どもが直接使用できる場所・位置に設置します。個人の場所として認識し利用できるように設置し、子どもがじっくりと着替えに取り組めるよう配慮し、十分な広さを確保することが望ましく、特に3歳未満の子どもの場合は、保育者が介助するための広さも含めた計画をすることが重要です。

身だしなみを自分で整えられるよう、
ティッシュと鏡を用意

2歳児室のおしたくコーナー

2歳児室のゾーニング
❶随意筋の発達を促すゾーン

　自分の意志で筋肉が動かせるようになると、さまざまなことができるようになっていきます。着脱の自立、食事の自立、排泄の自立、衛生面の自立を促すような工夫も必要です。排泄の自立への配慮として、トイレに行きたくなったときに間に合うよう、保育室から近い場所にトイレをつくります。着脱の自立への配慮として、排泄の際、自分で着脱しやすいようにトイレの入り口前に小さな椅子を置いておきます。

❷落書きゾーン

　自分の意志で体の動きを調整する能力を育てるために、落書きや、手を自由に動かして絵を描けるゾーンを用意します。

❸午睡のゾーン

　午睡をするかどうかをまだ自分で判断できる段階ではないので、全員いっしょに寝ます。ただし、起きる時間は自由です。早く起きた子は絵本ゾーンで本を読んで、みんなが起きるまで待っています。どうしても午睡専用のスペースの確保が難しいときは兼用にします。そのときは、活動と活動が同じ場所で連続するような計画は避け、ひとつの活動が子どもにとって十分納得がいくまで、取り組めるようにすることが大切です。このように室内を違う用途として兼用するためには、家具はキャスター付きのものを使用し、移動を容易にする必要があります。スペースが十分でない場合は、食事ゾーンで食事をしている間に遊びのゾーンの家具を少し移動させ、午睡ができるようスペースを広げて布団を敷きます。

❶着脱のための小さな椅子
❷落書きや自由なお絵描きのためのゾーン
❸2歳児の食事テーブルは、幼児クラスの様子が見える場所に

仲間との共感により、次第にレールがつながっていく

トイレトレーニングの意識付けも、仲間といっしょに、楽しみながら

何もしないでゆっくりくつろげるスペースも用意

関心があるものをいつでも選べるように・・・・。ままごとゾーンとパズルゾーン

❶オープンなスペースでも出ていかない。自分の意志で境界をつくる
❷幼児室へのアプローチ
❸楽しくなるような小さな工夫・・・。トイレ

❹食事ゾーン

いっしょに食べる楽しさが味わえるよう、みんなが座れる大きなテーブルを置きます。この2歳児の食事ゾーンを、私の園では3歳以上児のクラスの食事ゾーンが見える位置に設置してあります。これは大きくなることへの意欲と憧れを感じられるようにという思いからで、次年度への移行のための環境なのです。

❺自律への配慮

自由というのは、自分で好きなようにしてよいということではありません。人から行動を制限される他律から、自分で自分をコントロールできるようになる自律に変わっていくことです。この年齢から、少しずつ、自律を促す工夫をしていきます。新年度当初は危険な場所、行ってはいけない場所に柵や仕切りで区切りをします。年度途中からはその仕切りは取り外し、子ども自身の意志で、出てはいけないところ、行ってはいけないところへは行かない、やってはいけないことはしないという自律性を育てていきます。

❻同僚性

ほかの子どもを意識し、子ども同士の関わる力、協力する力を育てていきます。クラスの仲間を機会があるごとに確認できるよう、円形のラグや円形の机などの備品を用意します。円形で座るとお互いの顔がよく見えるからです。また、子ども同士の関わりが生まれるゾーンとして、ままごと遊びでは、お母さん役とお父さん役に分かれたり、料理を作る人と食べる人に分かれたりできるよう、役割分担のある遊びが展開しやすい環境を用意します。さらに、電車遊びや積み木遊びでは、ほかの子とつなげてよりダイナミックに遊べ、隣同士の遊びがつながって広げていけるような、十分なスペースを確保します。

❶円形のラグの上で広がる遊び
❷仲間とともにルールを守って遊べるように

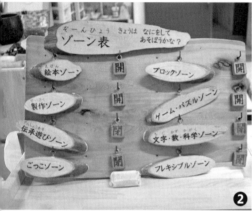

❶いろいろなものが選べる環境
❷何を選べるかを身体的に示し見通しを
　立てる
❸発達に合わせたゲームを用意

3 〜 6 歳児の保育室

　私の園では、3 〜 6歳児はひとつの大きな空間でいっしょに生活
しています。それは、ひとつには、個人個人の発達の連続性を重視
するために、生年月日で発達を決めつけるのではなく、個々の課題
によって活動を促すためです。

　例えば、ハサミを使う場合、3歳児であっても曲線切りができる
子がいるかと思えば5歳児でもまだ直線切りがやっとという子がい
ます。そんなときは、その子の課題は年齢によって決めるのではな
く、個人の発達を理解し把握したうえで、課題を決めていきます。
子どもが自ら環境に働きかけるためには、その環境がその子の発達
に合ったものでなければなりません。そして、一人ひとりの子ども
が自分の発達に見合った遊びやものを、自ら人に働きかけ、自発的
に選べるように、大きな保育室に子どもの個人差を受け止められる
多彩な環境を構成していきます。

　また、異年齢児で触れ合うことも大切な要素です。少子社会では、
家庭や地域の中ではそういう機会が少なくなっています。異年齢児
で遊ぶときには、さまざまな工夫が必要になり、それが前頭葉を育
てることにもなります。発達が遅い子には教えたり、手伝ってあげ
たりしなければいけません。そんな遊びの中から、子どもたちはさ
まざまなことを学んでいくのです。「異年齢児との触れ合いも大切
だが、同年齢の子ども同士で関わることも大切ではないか？」と質
問を受けることがあります。しかし、そのような心配は無用です。
異年齢児が同じ空間で生活していても、例えばゲームをするときな
どは発達のレベルが同じでないと楽しくありません。同年齢で遊ぶ
ことが必要な場合は、子どもたちは自然に同年齢同士で遊ぶことが
多いのです。

　3 〜 6歳児の保育室内には、子どもが自発的に遊ぶことができる
環境を用意することが必要です。そのために、複数のゾーンを設置
するなど、複数の遊びを同時に行うための広さを確保した計画をす
ることが望ましいです。

また、子どもが創造的な活動ができるよう、保育室の家具や設備のレイアウトを変更し、遊びのスペースをつくり出すことが必要です。さまざまな種類の遊びが行えるよう、十分な種類の遊具や道具・素材を用意し、子どもが自ら選び、片付けができる環境に整えます。そのために、遊具、教材などの収納は、子どもの視線や、子どもが自分で取り出せるような高さに配慮し、ゾーンごとに設置するなど、子どもが取り出しやすい配置にします。

子どもたちが自発的に活動を選べるよう、動線にも十分な配慮が必要です。活動をする場所とその活動に必要な材料が置いてある場所が離れていたり、異なった活動をしようとする子ども同士の動線がクロスしてスムーズな活動を妨げたりする場合は見直しましょう。もちろん、保育室の構成の大きな原則としては、ここでも、「寝・食・遊」の3要素の分離とそれぞれの保障ということが基本になるのはいうまでもありません。

十分に遊びこめるスペースと材料を用意すると・・・

子どもたちの遊びがどんどん発展していく

製作ゾーン：たくさんの作品がさらに意欲をかきたてる

ブロックゾーン：「やりっぱなしでいい」安心感がダイナミックな造形を生む

多文化ゾーン：さまざまな文化に触れて認識を広げている

科学ゾーン：素材・形・色・光の、たくさんの不思議と出会う

午睡をしない子が過ごす場所

午睡のスペース

　3歳以上児では、午睡をするかしないかを自ら選択します。子どもに選択させる前提は、午睡が一日の生活にどう影響するか（子ども自身が）きちんとわかっていることです。そのためにまず、保護者に連絡をして家庭の様子を聞いておくことが必要でしょう。ちなみに現在の（睡眠学的な）研究では、3歳以上児になると午睡はそれほど必要ないといわれています。私の園では、午睡をしない子どもは読書スペースで静かに読書をして過ごします。また、このスペースは、午前中はちょっとした室内運動や誕生日会のような行事のために使用します。午睡をする子のために、3歳以上児では、普段寝ている子の分の布団（コットなどを含む）を用意しますが、それらが重ならずに敷くことができる広さを確保し、保育者が添い寝をするためのスペースにも配慮した計画が必要です。また、午睡の途中に起きた子どもや保育者が移動できるように、歩くための動線と通路幅を確保した広さの計画とすることが重要です。午睡中、保育者が子どもの様子を見守りながら記録を書く作業や、休憩することに配慮した広さを保育室内に確保することも重要です。

食事のスペース

　食事のスペースは集まりのスペースと兼用します。専用のランチルームは望ましいのですが、一日のうちの特定の時間帯しか使わないような空間はもったいないからです。活動の切り替えをスムーズに行うための工夫は、連続した活動で同じ場所を使わないということです。例えば、朝の集会に続く活動では朝の集会スペースと違う場所を用いるようにすれば、活動している間に、朝の集会をした場所を食事のスペースに配置換えすることができます。食事のためのスペースは、クラス全員と保育者で同時に食事をできる広さや形状に配慮した計画とすることが重要です。

　また、食事の際、常に保育者の目が行き届きやすくする工夫も必要です。四角、丸、多角形など、テーブルの形状にも配慮し、楽しい食事グループを形成できるよう工夫しましょう。

おあつまりスペースを兼ねた食事のスペース

❶朝のおあつまり。一日の見通しを立てる大切な時間
❷食事の様子。楽しくにぎやかに共食を楽しむ

対面式の配膳では衛生面にも注意して

子どもの動きを捉えて配膳カウンターは
ゆったりと

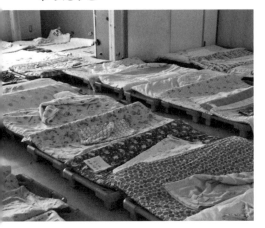

午睡は食事スペースとは違う部屋で

食事の介助、準備・片付けなどに必要なスペース

　子どもが配膳や後片付けを積極的に行えるように、子どもの利用しやすい配膳台とすることが重要です。また、食事スペースにパントリーやミニキッチンなどを設置し、子どもが配膳や食器の片付けに使用できるような計画とすることも有効です。子どもが配膳や片付けに使用するパントリーやミニキッチンのカウンター、および配膳カウンターは子どもが使用できる高さとすることが重要です。食事スペースには配膳台を置くためのスペース、配膳台で作業を行うための広さも考慮します。配膳やお代わりの際に子どもや保育者がスムーズに通ることができる通路スペースも確保しましょう。食事をこぼすなどのアクシデントの際、保育者だけでなく子どもが自ら対応できるようにするためです。雑巾なども使用場所を明確にして用意します。

体に合ったテーブル・椅子

　食事に使用するテーブルや椅子は、子どもの足が床面に着くなど、子どもの体位・寸法に合ったものを設置し、さらにテーブルは、食事をするグループの規模と合わせたサイズにします。食事中にひじがぶつかったり、トレーが重なったりせず、ゆとりをもって食事ができる大きさのものを用意します。

衛生面の配慮

　食事後に午睡を同室で行う場合は、午睡用寝具などを敷く際に生じるチリやホコリに配慮します。できれば食事スペースと重ならないようにすることが重要です。同室の場合も、両者はできるだけ離した位置に計画することが望ましいです。

対面時の衛生にも配慮して

対面式の配膳：好きなものは皿「いっぱい」苦手なものは「ちょっと」

手洗い場

　手洗い場は食事をするスペースからアクセスしやすい位置に設置し、子どもが自主的に手洗いできるよう、使用しやすいサイズとすることが重要です。また、複数の子どもが同時に使用することに配慮した蛇口の数や形状にすることも必要です。

食育の推進

　調理室は開口部の高さや素材に配慮し、子どもが調理室の中を眺めたり、調理員と話をしたり、匂いを感じたりできるよう工夫しましょう。配置は子どもの日常の動線上にすることで、自然に子どもが調理室と関われるようになります。また、子どもが食事の準備・片付けに参加しやすいよう、食事を行うスペースと近接した位置に設置することも有効です。

食の体験 ―栽培―

　野菜などの栽培スペースを設置します。園庭など屋外空間の一部に畑、花壇を設け、子どもが昼食やおやつで食べることのできる野菜などの栽培スペースをつくります。私の園では、室内の水耕栽培設備で葉野菜の栽培を行っていて、ほとんどの野菜が1か月ほどで食べることができるくらいに育ちます。育っていく過程を確認しながら、年間に何種類かの野菜を育てることができます。

食の体験 ―調理―

　食事作り、おやつ作りのための配慮も必要です。保育室内や多目的室などにミニキッチンを設置し、子どもが食事やおやつの調理に関われるようなスペースを用意するといいでしょう。子どもが調理を行うスペースを設置する場合は、子どもが作業しやすい作業台や衛生設備を整え、安全・衛生的に作業を行えるようにします。また、子どもが調理したものをすぐ食べられるよう、食事のスペースを近接させて配置することも有効です。

　子どもが食事に興味をもつよう、また保護者に園での食事の内容

を知らせるために、廊下やエントランス付近に給食のサンプルやレシピを展示できるようなスペースを計画します。またそこでは、さらに一歩踏み込んだ食育的な掲示ができるといいでしょう。

使いたい色を自由に選べるように

遊びのスペース

ゾーニングの考え方

　保育室を遊びのミュージアムとし、子どもの自発的な活動、子どもが主体的に関わる環境を用意します。受身型から参加型へ、「教える保育」から「子どもが自ら活動する保育」への発想の転換が必要です。ここでは、子どもが自分の好きな活動、もの、人を自発的に選ぶことができる環境を用意します。

　また、活動で使ったものは責任をもって片付けることが、次に自由に使うために必要なルールです。使ったものが出しっぱなしになっている場合は、子どもたち同士が今度使うときに不自由になる

きちんとしまえるから、次も楽しく遊べる

使い方やルールも子どもたち自身で決め
て伝えていく

外光の差し込む明るい一角に設けたピース
テーブル

ので、お互いに気をつけます。各ゾーンは天井の高さ、床の素材の
違い、障子の衝立、すだれなどでおおまかに分けます。常設として、
大体5つくらいのゾーンを用意しておきたいものです。

ピーステーブル

　子どもたちの間に争いが生じたとき、子ども同士で話し合い、自
分たちで解決できるような特別な場所も用意したいものです。私の
園では、小さな椅子2つと机1つを静かな窓辺に置き、ピーステー
ブルと名付けています。そこでは何もしない、という選択を保障す
るために使用されます。ひとりでぼーっとすることもたまにはいい
と思います。

トイレ

　集団で利用すること（食事前後、午睡前、散歩前後など）を前提
にすると、園児数や利用頻度に合わせた便器数を設置することが重
要ですが、個々が行きたいときに随時行くようにする場合は、それ
ほど数は必要ありません。手洗い場についても同様です。トイレは、
衛生的で快適な環境にするために、掃除をしやすい床素材を使用し
ます。衛生を保ちやすいよう配慮した計画（匂い・換気・採光への
配慮、できるだけ外部に面した配置、開閉可能な窓、植物などを置
くスペース）をし、明るく清潔な雰囲気づくりを心掛けます。また
幼児においても、衛生管理の視点からシャワーを設置することが望
ましいです。3歳以上児になると、間仕切り壁を設置し、プライバ
シーにも配慮したいところですが、大人が中を確認できるような高
さに設定するといいでしょう。子どもがひとりでトイレに行きやす
く、保育者の目も行き届くようにするためには、トイレは保育室の
近くに配置することが重要です。保育室からトイレまでは安全な動
線を確保し、不必要な段差などのない計画とすることが必要です。

食事のスペースには意識して緑を

製作ゾーンに隣接する手洗い場は、活動の広がりに合わせて広く

保育室からすぐ行けるトイレ

いつもこころにとめておけるように生き物の観察ゾーンは遊び場の近くに

身近な生き物との触れ合いも大切にしたい

保育室構成の際の配慮事項

動的な遊びのための環境

　遊戯室など、体を大きく動かす遊びのためのスペースは、十分に動き回れる広さを確保することが重要です。その空間には、ロフトや段差、潜り込めるスペースなどを設置し、子どもが登ったり潜ったりするなど、体を動かして遊べるよう配慮することも有効です。

　また、そこでは子どもたちはあまりテンションを上げないようにすることが大切です。自分の体、動きを確認できることが危険を回避することにつながります。

自然と触れ合うためのスペース

　子どもが外気や外の景色を感じられるよう、外部に面する開口部はできるだけ大きく取り、子どもの視線の高さから外が見えるように配慮します。観察ゾーンとして、虫や植物の飼育を行えるよう、虫かごや鉢植えなどを置きます。また、「樹皮にさわってあててみようゲーム」やカメ、金魚の飼育ケース（観察コーナー）なども置き、生き物や自然と接することも体験したいものです。そこには、すぐに調べられるように図鑑なども用意します。

人との多様な関わりを促す環境

　遊びのスペースは、子ども同士の多様な関わりを保障するために、ひとりで、2〜3人のグループで、クラス全員でなど、さまざまな人数規模での遊びができるよう配慮します。多様に展開される遊びに対応できるよう、広さや形状を確保します。

ひとりで過ごせる環境

　集団から離れ、ひとりきりになって静かに過ごすことができるよう、ソファーやベンチのスペースも用意します。また、ロフトや小さな空間など、潜り込めるスペースを設置することも有効です。その際には、保育者などの目が行き届くよう配慮します。

ひっそりとクールダウンできる小さな空間

chapter

5.

そのほかの
空間の
デザイン

夕方の合同保育は幅広い異年齢交流の機会に

一時保育室：出入り口を在園の園児と別にして動線を使い分ける

一時保育室：さまざまな月齢の子の興味をかきたてる環境

そのほかの空間

延長保育（長時間保育）のための環境

　長時間を過ごす場所にふさわしい、家具や設備の種類や配置、色使いに配慮し、家庭的な雰囲気となるよう計画します。子どもが安定して過ごせ、遊びの継続性を確保できるよう、利用する保育室などに配慮します。そこでは、小集団での保育、異年齢の子どもを同時に保育するなど、昼間の保育では体験できない子ども同士の関わりを体験できるようにします。

体調不良の子どものための環境

　体調不良の子どもは、集団から離れた場所で静養させるため、事務室内に静養コーナーを設けることが必要です。体調不良の子どもが使用するベッドなどを設置し、常に子どもの様子、変化を見守り、対応できるよう部屋の配置や形状に留意することが重要です。

一時保育のための環境

　一時保育室の利用には2つのケースがあります。ひとつは、保育所の入所の要件には満たないが、保護者が週に数回パートに出るなど必要なときに利用するというケースで、非定型利用と呼ばれるものです。もうひとつは家庭で保育をしている保護者が、ある時間だけ美容院に行くとか、用事を済ませたい、趣味の時間をもちたいといったときなどに利用するリフレッシュ保育と呼ばれるものです。最近は後者の利用が増えています。私の園では、一日の定員は10名で、さらに緊急枠も確保しています。利用の1か月前から翌月の利用を受け付けますが、1人ひと月5日までという制限を設けています。

　一時保育利用者は、不定期であり、園児の登園と別の動線を使います。そこで、一時保育室を駐車場に隣接させ、直接一時保育室に出入りができるような位置に設定しています。

保育施設の運営において、保育以外の時間にさまざまな書類を作成することが多くなります。こうした書類作成のほか、職場内研修、職員会議、クラス会議、ミーティングなどに使用する空間も必要になるでしょう。そのため、職員室、多目的室や予備室などを会議室としての機能をもたせる工夫が大切です。

事務室または職員室は、保育室からアクセスしやすい位置に配置し、保育者が子どもの様子を感じられるよう配慮することが望ましいです。事務室（職員室）には、事務作業に必要なOA機器を設置できる広さと、ITの活用を含めた環境を確保することが重要です。児童票や児童保育要録など、プライバシーに配慮する必要のある書類などが複数年保管できるように、鍵のかかるロッカーも必要です。

相談室の外には心安らぐ箱庭を

保護者・地域支援

登・降園時の立ち話的な相談だけでなく、子どもの発達などについてプライバシーを確保しながらじっくりと個別に相談を行うことができるよう、相談室などの専用室を設置することも重要です。

相談室を訪れる人たちには共通して「くつろいで、ゆっくり自分の話を聞いてほしい」という願望があるように思います。では、くつろいで話しやすい雰囲気をつくるためにはどうしたらよいでしょう？　まず、座る位置関係を対面ではなく、90度になるようにします。人と人が向き合うとずっと視線を合わせなければならないので、人はつい身構えてしまいます。90度の位置で座れば、たまに横を向いて視線を合わせればいいのでリラックスできるのです。ソファーのクッション性にも配慮しましょう。柔らかすぎてどっかり座ってしまうと、こちらから相談者に威圧的な印象を与えてしまいます。しかし硬すぎると互いに座り心地が悪く、ゆっくりできません。「硬すぎず、柔らかすぎず」が大切です。

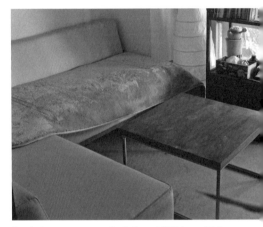

相談室：ソファーを直角に配置して打ち解けやすく

気持ちを安らかにするさまざまなアイテム

柔らかな光が差し込むゆったりしたセミナー室

集まって語り合う。そのつながりを大切にしたい

天井から吊るすプロジェクターは視界をさえぎらない

セミナー室

　私の園では、園内の研修だけでなく、地域や保育団体の会合などにも使用できるよう、かなりの広さのセミナー室をつくりました。地下1階の入り口から4階のセミナー室までは直通のエレベーターで上がれます。保育室を通らないので来訪者が保育の妨げになることはありません。セミナー室は最大50名収容できます。テーブルは8台。会の内容によってテーブル、椅子の配置はさまざまにレイアウトできます。参加者のために、トイレが2か所、給湯室が同じフロアに設置されています。またセミナー室内には、ホワイトボード、プロジェクター、流しや給茶機などが用意されています。照明を落ち着いた光にするために、また、冷暖房の風が一部分だけに当たらないように、照明と空調は障子紙で覆われています。私はこれからもこのセミナー室から、常に新しい保育の情報を発信し続けていきたいと考えています。

災害時の避難場所

　給食食材、午睡用布団などを用意し、地域の避難場所として保育施設を活用できるようにしておくことが重要です。保育施設は特に一日の生活行為（食事、排泄、睡眠）を行うための環境が整っているだけでなく、もともと乳幼児の生活の場としてつくられていること、調理室があることなど、避難場所として非常に適した環境なのです。災害時に利用できるよう、遊戯室なども普段から整理しておきましょう。

chapter

6

空間づくりの
ポイント

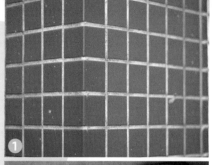

建築素材

保育室の建築素材は、健康に悪影響がないか、補修が容易かどうか、利便性に問題はないか、廃棄のときに問題はないかなど、さまざまな角度から慎重に選ぶ必要があります。

❶外壁 = タイル

都心では排気ガスなどで外壁が汚れることが多いため、汚れがつきにくく、洗いやすい素材を選ばないと、保守が大変になってしまいます。また、防火対策ということもあり、類焼、延焼を防ぐために、不燃材を使う必要があります。外壁を緑化することが基本ですので、その緑化の間から外壁が見えるというイメージを取り入れましょう。

❷床材 = リノリウム

リノリウムは、滑りにくく歩きやすいため、欧米では19世紀後半から床材として利用されています。天然素材が原料なので環境汚染の心配がありません。また、リノリウムに含まれる亜麻仁油は抗菌作用もあるなど、近年脚光を浴びています。一方、フローリングなどは、地元の木材や間伐材を使うのであればいいのですが、住宅などにもよく使われるために、接着剤を使った集成材を使用したり、世界の森林を不用意に伐採したりして問題になっています。

❸壁 = ペンキ

壁紙などシックハウス症候群の原因になる恐れのあるものは避け、ペンキを塗っただけの壁が理想です。また、壁紙の補修は専門業者に頼まないといけないのですが、ペンキを塗っただけの壁は絵を描くことができ、描き直すときや、汚れたときには塗り重ねるだけで、職員でも容易に補修できます。

❹天井－天井ボード

　防音効果、防炎効果に優れているために、その使用が義務付けられています。

❺天井のフック

　天井ボードには、釘やフックを取り付けることはできません。そこで、室内装飾を吊るしたり、子どもの作品を展示しやすいように、天井には、天井裏の梁などに多数のフックを取り付けておきます。

天井から吊るせることで保育室に立体感が生まれる

汚れても描いても、上塗りして消せる・・・。
ペンキの壁は自由度が高い

リノリウムは自然由来の素材。柔らかい質感で肌なじみがよい

開かれた「広さ」を感じる空間

親密な「狭さ」を感じる空間

５Ｍにおける保育室

　私の提唱する「見守る保育」にも使われる「見守る」というスタンスは、日本では古くからいわれてきました。そして日本語の「見守る」は、なかなか外国語でいい表すことはできない深い意味をもっています。ですから私としては、この語は訳さず、「MIMAMORU」として世界の人に伝えていきたいと思います。そんな日本独特の「見守る」という概念の豊かさをより深く理解するために、日本人に独特の５つの観点から「見守る」について考察しました。その５つの観点は「見守る保育」の「５Ｍ」として標語的に位置付けました。その中から空間に関連する言葉を紹介します。

❶MERIHARI

めり－はり（減り張り／乙張り）の意味として・・・・・

１　ゆるむことと張ること。特に、音声の抑揚や、演劇などで、せりふ回しの強弱・伸縮をいう。「・・・・・のきいたせりふ」

２　ものごとの強弱などをはっきりさせること。「・・・・・をつけて仕事をする」があります。

　この「めりはり」は、もとは音楽用語で、「乙甲（めりかり）」が転じた言葉だといわれています。めりはりとは、低い音を「減り（めり）」、高い音を「上り・甲（かり）」と呼んでいた邦楽用語のひとつで、現代では、主に尺八などの管楽器で「浮り（かり）」が使われています。江戸時代の「かり」が「はり」といい換えられ、歌舞伎の演技やセリフまわしの強弱、伸縮の意味でも用いられるようになり、転じて、ものごとにおける緩急の区別や変化のことをいうようになったそうです。一般では近世頃より「張り」が使われ、「減り張り（めりはり）」になり、「仕事にめりはりをつける」など、比喩的にも用いられるようになったようです。

保育室内での工夫によるめりはり

● 明と暗 ➡ 子どもたちにとって、いつも煌々(こうこう)と明るい電気の中での生活だけでなく、うす暗い部屋やコーナーを用意することも必要です。

● 静と動 ➡ 静的ゾーンと動的ゾーンを分け、じっくりと遊びに取り組むことを保障し、また、体を思いきり動かしたい子の満足を得られるような環境を用意します。

● 剛と軟 ➡ 硬い床の上だけで過ごすのではなく、柔らかいクッションの上でくつろぐことも必要です。

● 広と狭 ➡ アルコーブという、壁面の一部をくぼませてつくった空間や、DEN(デン)という野生動物のねぐらのような隠れ家、こぢんまりした小部屋などは子どもが大好きです。

● 安定と不安定 ➡ 不安定なネットの上などを歩く経験を通して、体のバランス感覚が身につきます。

● 平面と斜面 ➡ 斜面を登る体験、斜面に立つ体験は足首の発達にもいいようです。

❷ M E G U R U

日本には、「情けはひとのためならず」という言葉に代表されるように、「人に情けをかけることは、めぐって自分に返ってくる」という考え方や、「因果応報」というように、「よい行いをすればよい報いがあり、悪い行いをすれば悪い報いがある」という意味合いがあり、それが人々の生きる指針ともなってきました。

また、都市計画や建築用語には、人の動線に回遊性をもたせることで広さ（広がり）を感じさせるという計画上の意図があります。

環境の回遊性

保育室に「人」「光」「風」の通り道をつくることは、単に回遊性という以上にたくさんのメリットを生みます。

❶奥まった場所に設けた小さな「静」の空間
❷運動遊具を揃えた「動」の空間

光と風が回遊する園庭

107

建築設計と保育環境
チェックリスト（空間）

チェックリストについて

　本書ではここまで、「見守る保育」の実践のための保育環境の構成について、園のエントランスから保育室、コーナーやゾーンづくりなど、具体的な実例とともに考えてきました。以下は、「見守る保育」のための保育環境について、具体的に検証するための簡略なチェックリストです。このチェックリストの作成にあたっては、同志社女子大学の埋橋玲子先生が日本に紹介したアメリカの評価手法「保育環境評価スケール」を参考にさせていただきました（「保育環境評価スケール」の最新の改定版は『新・保育環境評価スケール』として、埋橋先生の訳で現在刊行されています）。「保育環境評価スケール」は、項目ごとに評点をつけ保育の質を数値化（見える化）するもので、評価の視点においては（例えば、「保育者と子どもの間に肯定的なやりとりがしばしばあること」「保育者が適切に子どもと身体的接触をすること」「保育者が楽しそうに絵本を読み聞かせること」など）、評価観察時の保育者の子どもへの働きかけが質・量ともに重視されています。「保育環境評価スケール」はアメリカの研究成果ですので、こうしたところに文化的な個性が表れているのかもしれません。

　しかしこのチェックリストは、本書のタイトルでもあるテーマ「まなびのデザインくうかん」という観点に基づき、あくまで方法としてはシンプルに、はい／いいえで答えられるものとし、チェック項目を空間的な環境構成にしぼり、自らの保育環境に関する気づきを促すことに重点を置きました。簡単なチェックですので、まずは皆さんの園の環境をチェックしてみてください。今はない必要な要素に気づく、今ある不要なものに気づく、意図に沿っていない環境に気づく、今ある課題に気づく、子どもたちの行動の原因に気づく、今後の発展形を見通す…など、さまざまな気づきがあると思います。その気づきを大切にして次に進んでいきましょう。そして日々の保育を行っていく中で改めてまたチェックする。その繰り返しが、よりよい保育への確かな歩みになると思います。

参考文献　新・保育環境評価スケール①３歳以上　法律文化社　ISBN978-4-589-03797-8
　　　　　新・保育環境評価スケール②０・１・２歳　法律文化社　ISBN978-4-589-03968-2
　　　　　環境にやさしい幼稚園・学校づくりハンドブック　中央法規出版　ISBN978-4-8058-1807-7

チェックリスト1　室内空間

❶子どもと、大人にとって、家具を置くに足りるゆったりと広いスペースがある（例：子どもと大人が自由に動き回れる、家具で手狭になっていない、障がいのある子どもに必要な設備を整えるための空間がある、広々としたところで遊べる）。	はい☐	いいえ☐
❷現在保育に関係している、障がいのある子どもや大人がみんな、子どもの利用する場所に出入りできる（例：障がいのある人のためのスロープや手すり、車椅子や歩行器のための通路がある）。	はい☐	いいえ☐
❸修繕が十分されている（例：壁や天井の塗料がはげていない、床がでこぼこしておらず傷んでいない）。	はい☐	いいえ☐
❹手入れが行き届いている（例：床が汚れたままになっていない、ゴミ箱があふれていない、ほこりや汚れが積もっていない、流しが汚れていない、毎日の掃除を怠っていない）。	はい☐	いいえ☐
❺床や壁、その他備え付け家具の表面は汚れを落としやすい材質である（例：洗える床／敷物／塗料／壁紙を使用している、カウンターやキャビネットは汚れを落としやすい材質である）。	はい☐	いいえ☐
❻明るさ、温度調節、防音、吸音が適切である。	はい☐	いいえ☐
❼自然光の調節ができる（例：調節できるブラインドやカーテンを使用している）。	はい☐	いいえ☐
❽換気が十分であり、窓や天窓から自然光が入っている。	はい☐	いいえ☐
❾換気が調節できる（例：窓が開けられる、能力が十分な換気扇がある）。	はい☐	いいえ☐
❿地球環境に配慮した、リサイクル可能な建築材料を使用している。	はい☐	いいえ☐

（参考）・面積　0歳児：基準5㎡→新宿7.5㎡、1歳児：基準3.3㎡→新宿4.4㎡　2歳児：基準1.98㎡→新宿3㎡　3・4・5歳児：基準1.98㎡→新宿3.6㎡（食事・午睡含む）
　　　・照度目標　平均照度500ルクス、静のエリア100ルクス　・換気回数　0.5回／時間
　　　・床材料　リノリウム（欧米の保育施設では主流の床材：自然素材）

チェックリスト2　安心して落ち着ける空間

❶遊ぶところに柔らかい敷物やクッションのようなものがある（例：ソファーのような家具、マット、床の上のキルト、その他遊びに使う柔らかいおもちゃなど）。	はい☐	いいえ☐
❷特別なくつろぎの場所以外に柔らかなものに触れる場所がいくつかある（例：柔らかい敷物、歩き始めの子ども用のビーズクッション、クッションつきの椅子やソファーなど）。	はい☐	いいえ☐
❸一日のうちほとんどいつも使える特別なくつろぎの場所がある。	はい☐	いいえ☐
❹特別なくつろぎの場所は、活動的な遊びでじゃまされないところにある。	はい☐	いいえ☐
❺場合に応じて、自分で動けない乳児が特別なくつろぎの場所に居させてもらえる。	はい☐	いいえ☐
❻特別なくつろぎの場所は本を読んだりその他静かに遊んだりするときに使われる。	はい☐	いいえ☐

(参考)・ロフトの上下の空間を有効に利用する。

チェックリスト3　室内構成（乳児室）

❶保育者が子ども全員を一度に見渡せる室内構成になっている（例：オムツ交換や食事準備のときでも遊んでいる場所が容易に見渡せる、睡眠のための別室に常に目が行き届く、見えない部屋の隅や子どもが隠れてしまう高い棚がない）。	はい☐	いいえ☐
❷決まったケアのための場所は便利にしつらえてある（例：ベビーベッドやコット、オムツ交換の用品は使いやすいところにある、必要な場所でお湯が出る、食事用のテーブルは掃除のしやすい床の上にある）。	はい☐	いいえ☐
❸いろいろな経験をするのにふさわしい空間がある（例：活動的な遊びのための広い空間、本を読んだりおもちゃで静かに遊んだりするための落ち着いた空間がある、描画や製作・汚れる遊びができる掃除のしやすい床になっている）。	はい☐	いいえ☐
❹静かな遊びと活動的な遊びは場所が離れている（例：年少の乳児は動けるようになった子どもから離されている、本や静かに遊ぶおもちゃが置いてあるところは登ったり走ったりする場所から離れている）。	はい☐	いいえ☐
❺グループ内の障がいのある子どもが、ほとんどどこででも遊べる。	はい☐	いいえ☐

⑥似たような使い方をする教材は興味を引くように一緒に配置してある（例：年少の乳児のためのガラガラや柔らかいおもちゃ、歩き始めの子どものための本や音楽、押して遊ぶおもちゃ、手先を使うおもちゃなど）。	はい□　いいえ□
⑦おもちゃは子どもの手が届きやすいところに置いてある（例：低い棚の上、自分で動けない子どもの近くの入れ物の中）。	はい□　いいえ□
⑧部屋の中の動線がよく、活動を妨げない。	はい□　いいえ□

チェックリスト4　遊びのための室内構成（幼児室）

①少なくとも5つ以上のゾーンがあり、さまざまな学びの経験ができる。	はい□　いいえ□
②各ゾーンは、設備の使い勝手がよい（例：製作の場の近くで水が使える、積み木や細かな遊具のための棚がある）。	はい□　いいえ□
③静的な活動と動的な活動の場が交わらない（例：読んだり聞いたりする場所は積み木やままごとの場から離れている）。	はい□　いいえ□
④いろいろなゾーンがお互いの妨げにならないように設定されている（例：静的な活動の場には歩き回れないように棚が置かれている、荒っぽい遊びや走ることができないように家具が置いてある）。	はい□　いいえ□
⑤一度にいくつかの活動を行うのに十分なスペースがある（例：床で積み木をし、テーブルで細工をし、イーゼルで絵を描く）。	はい□　いいえ□
⑥ゾーンは子どもが自分で使えるように構成されている（例：ラベルが貼られた棚やおもちゃの入れ物がある、棚の置き場所にゆとりがある、おもちゃの棚の近くに遊びのスペースがある）。	はい□　いいえ□
⑦ゾーンを新たに設けたり、変えたりできる予備の材料がある。	はい□　いいえ□
⑧子どもの遊んでいる様子を見渡すのが難しくない。	はい□　いいえ□
⑨障がいのある子どもが遊びスペースを利用できる。	はい□　いいえ□

（参考）・ゾーン設置の単位は、欧米の保育施設では1クラスの人数はアルファベット26文字に収まる人数25人のことが多いので、25人に対するゾーン数と理解しています。
　　　　・ゾーンは、interest center（興味のセンター）といわれることもあり、活動センターとかコーナーと訳されることがあります。

チェックリスト5　子どもに関係する展示

❶展示物の内容がおおむね適切である（例：驚かせるものでない、子どもにとって意味のあるものを示している）。	はい□　いいえ□
❷たくさんの色鮮やかですっきりした写真やポスター、絵が部屋全体に展示してある。	はい□　いいえ□
❸モビールやその他吊るすものが、子どもの見えるところにある。	はい□　いいえ□
❹いろいろなものが見えるところにあり、いくつかは手の届くところにある。	はい□　いいえ□
❺保育者は展示してある教材について子どもに話しかけている。	はい□　いいえ□
❻グループにいる子ども、自分、家族、ペット、その他親しんでいる人の顔の写真が目の高さに貼ってある。	はい□　いいえ□
❼ほとんどの絵は破れないように保護されている（例：透明のプラスチックのシートで覆ってある）。	はい□　いいえ□
❽月に1回は新しいものが付け加わるか、入れ替えがある。	はい□　いいえ□
❾1・2歳児の作品が展示してある（例：なぐり描き、手形）。	はい□　いいえ□

(参考)・壁は作品などを展示できるようにペイント仕上げとしました。これまでビニールクロス、掲示板クロス、コルクなどいろいろと試してきましたが、決め手になるような材料がなく、新宿せいが子ども園では、はがれても簡単に補修のできるペイント仕上げとしました。欧米の住宅や保育施設ではドライウォールと呼ばれている塗装仕上げで、欧米での主流は白です。今回は日本人の肌に合わせてクリーム色にしました。ホームセンターで簡単に入手できる水性ペイントを使用します。マスキングテープ、セロハンテープでの接着力が強く、直接絵を描いたりもできます。下地のLGSは100㎜でボードは12.5㎜＋9.5㎜の2重張りとなっており丈夫です。画鋲やボード釘で重いものを掛けることもでき、穴の補修も容易です。

チェックリスト6　プライバシーのための空間

❶子どもがひとりになれる静かな空間がいくつかある（例：家具や間仕切りのかげ、戸外の大型遊具、部屋の静かな隅）。	はい□　いいえ□
❷子どもがひとりになれる空間でも保育者の目が届く。	はい□　いいえ□
❸ひとりになれるスペースは、一日の相当の時間使える。	はい□　いいえ□
❹保育者が、全体の活動から離れて1〜2人の子どもが遊べるようなスペースを設定することができる（例：じゃまをしない決まりがある、棚で守られた小さなスペースや部屋の静かな片隅が使える、ペグボードを2枚置いた小さなテーブルを置く、1〜2人の子どもが使えるようなコンピュータを置く）。	はい□　いいえ□

(参考)・倉庫を小部屋として有効に利用できるようにする。

チェックリスト7　粗大運動／体を動かす遊びのための空間

❶粗大運動／体を動かす遊びのための室内外の空間がある。	はい□　いいえ□
❷体を動かす空間が全般的に安全である（例：登はん遊具の下には緩衝物がある、室外の遊び場に柵がある）。	はい□　いいえ□
❸適切な戸外の空間があり、室内にもある。	はい□　いいえ□
❹子どもだけで簡単に移動できる（例：同じ階か部屋の近くにある、障がいのある子どもにバリアがない）。	はい□　いいえ□
❺異なる活動が互いに妨げにならないように空間が構成されている（例：三輪車などで遊ぶ場所は登はん遊具やボール遊びの場所と離れている）。	はい□　いいえ□
❻戸外で体を動かす場所の地面がいろいろある（例：砂、アスファルト、木のチップ、芝生）。	はい□　いいえ□
❼戸外遊びを快適なものに保つ設備がある（例：夏の日よけ、冬のひなた、風よけ、良好な排水）。	はい□　いいえ□
❽使いやすい空間である（例：トイレや水飲み場に近い、使いやすい道具棚、保育室から直接行ける）。	はい□　いいえ□

チェックリスト8　排泄／オムツ交換

❶排泄やオムツ替えの後に保育者や子どもが手洗いができる。	はい☐　いいえ☐
❷十分な備品がある(例：トイレットペーパーや石鹸、個人別のタオル、水道など)。	はい☐　いいえ☐
❸排泄の間隔が子どものニーズに応じている。	はい☐　いいえ☐
❹子どもの年齢と能力にふさわしく見守られている。	はい☐　いいえ☐
❺衛生的に保つことが容易である (例：おまるが使用されない、オムツ交換台やトイレの近くでお湯が出る、掃除のしやすい材質)。	はい☐　いいえ☐
❻子どもだけでも便利で使いやすい備品がある (例：必要に応じて、トイレや流しに踏み台がある、身体に障がいのある子どものためにトイレに手すりがある、トイレが部屋に隣接している)。	はい☐　いいえ☐
❼保育者と子どものやりとりが快い。	はい☐　いいえ☐
❽子どもサイズの便器と低い流しがある。	はい☐　いいえ☐
❾子どもの状態に応じて自分で排泄するように励ましている。	はい☐　いいえ☐

チェックリスト9　安全

❶室内で事故が起きそうな危険がない。	はい☐　いいえ☐
❷戸外に事故が起きそうな危険がない。	はい☐　いいえ☐
❸室内と戸外で子どもの安全を守るための見守りが適切である (例：保育者の数が少なすぎない、保育者がほかの仕事をしていない、危険が起きそうな場所に大人がいる、子どもを確認するシステムがある)。	はい☐　いいえ☐
❹緊急事態に備えての準備がある(例：電話、緊急連絡先、保育者の代理、救急用品、輸送手段、文書化されたマニュアル)。	はい☐　いいえ☐
❺スタッフは事故が起こらないように予測を行い必要な行動をとっている(例：登る設備の下にはおもちゃを置かない、危険な場所には鍵をかけて子どもが立ち入らないようにする、転倒を防ぐために濡れた床は拭く)。	はい☐　いいえ☐
❻保育者が安全についてのルールの理由を子どもに説明している。	はい☐　いいえ☐

❼遊ぶ場所は危険がないように環境が整えられている（例：年少の子どもが戸外で遊ぶときは専用の場所があるか時間を別にしている、戸外遊びの設備はサイズが適切で無理なく挑戦できるレベルである）。	はい□　いいえ□	
❽子どもはおおむね安全のルールに従っている（例：滑り台に群がらない、本棚の上には乗らない）。	はい□　いいえ□	

(参考)　・鋭角の角はつくらない、コーナーガード
　　　　・子供の利用する階段の蹴上150mm、踏面300mm
　　　　・入退出管理　ICチップ（1枚1500円程度）、電気錠
　　　　・機械警備　・監視カメラ（HDで録画）

チェックリスト10　保育者の個人的ニーズへの対応

❶保育者専用の空間がある（例：独立した大人用トイレ、休憩室、収納）。	はい□　いいえ□
❷保育以外の理由で子どもから離れる時間がある（例：休憩時間がある）。	はい□　いいえ□
❸子どもの遊ぶ空間から別のところには大人用の家具がある。	はい□　いいえ□
❹個人用の収納がある。	はい□　いいえ□
❺必要に応じて保育者の障がいに適切な対応がある。	はい□　いいえ□
❻大人サイズの家具がある休憩室（ほかの目的との兼用の場合も可）がある（例：事務室、会議室）。	はい□　いいえ□
❼私物が安全に収納できる。	はい□　いいえ□
❽午前と午後、また昼食のための休憩がとれる。	はい□　いいえ□
❾職員の食事や間食のための設備がある（例：冷蔵庫、調理設備）。	はい□　いいえ□
❿独立した休憩室がある（ほかの目的と兼用ではない）。	はい□　いいえ□
⓫休憩室にはくつろげる家具がある。	はい□　いいえ□
⓬保育者の休憩時間について柔軟性がある。	はい□　いいえ□

(参考)　・保育者スペースの充実、男女別のロッカー室＋洗面、フルサイズの個人ロッカー、シャワー室、職員休憩室、職員室付属の湯沸し室＋冷蔵庫、職員専用トイレ。

チェックリスト11　保育者の仕事環境

❶保育者の持つ教材を収納しておくファイルやスペースがある(例：活動の準備をするのに必要な教材を収納しておけるスペースがある)。	はい☐　いいえ☐	
❷私物の（スマートフォン等）通信機器の利用について、ルールがきちんと定められている。	はい☐　いいえ☐	
❸保育時間中でも個別相談に応じることのできるスペースがある。	はい☐　いいえ☐	
❹事務処理などが行われる独立した事務所がある。	はい☐　いいえ☐	
❺会議や大人の集まりに使えるスペースが確保されている(例：兼用に支障がない、プライバシーが守られる、大人サイズの家具がある)。	はい☐　いいえ☐	
❻事務処理のための設備が整っている (例：コンピュータ、留守録電話)。	はい☐　いいえ☐	
❼園内に、子どもの活動場所から独立していて、個別相談に応じたり集会ができる便利で快適なスペースがある。	はい☐　いいえ☐	

(参考)・4階に多目的スペースを配置
　　　・新宿せいが子ども園新築工事建築データ　構造・規模　鉄筋コンクリート造（支持杭）　地上4階／地下1階
　　　・各階面積　地階床面積

地階	281.53 ㎡	(85.16 坪)
1 階	442.41 ㎡	(133.83 坪)
2 階	392.06 ㎡	(118.60 坪)
3 階	288.15 ㎡	(87.17 坪)
4 階	153.90㎡	(46.55 坪)
合計	1558.05㎡	(471.31 坪)

有限会社 国信建築設計事務所　作成

おわりに

　本書『まなびのデザイン　「くうかん」』では、私の園での実践例をもとにしながら、保育室や園庭の環境構成について空間づくりという視点から考えてきました。ただし保育の環境づくりは、環境の構成／そこでの子どもの動きの観察／環境の再構成の不断の繰り返しなので、本書で紹介したさまざまな実例は、あくまで本書の記述時の姿であり、実際に私の園でも、それぞれの保育室やゾーンは日々その形を変えてきています。ですから、皆さんの園での環境構成においては、（ここで紹介している形にこだわらず）あくまでも皆さんが自園でやりたい保育、皆さんの園での子どもの姿の観察と検証に従って、環境構成を考えていただきたいと思います。

　これまでも述べてきたように、保育室には、子どもの「こんなことをしたい」という思い（＝意欲・動機）を実現することができるような空間、子どもが「やりたい」と思うことを受け止められるような空間を用意することが必要ですが、最後に、本書を結ぶにあたって、現在の私たちが常に心掛けなければいけないポイントを2つ、挙げておきたいと思います。それは、ダイバーシティ（多様性）とインクルージョン（包括化）です。地域社会や家庭の中に子ども集団がなくなり、子ども集団からの学びや発達の促しがあまり期待できなくなった現在、保育施設にはそれを補うための保育環境づくりが求められているのです。子どもは自ら環境に働きかけることによって発達していきますが、その環境の大きな要素のひとつに「他の子ども」があります。さまざまな人を受け止め、受け入れ、関わっていくこと、そうした力が今後一層大切になっていくのです。

　ゾーニングの項では、ゾーンを単なる区切られた場所という意味ではなく、子どもたちが自主的に行動すること、活気と自信を見せ、行動に熱中・没頭することと捉え、「ゾーン体験」という言葉から、コーナーとゾーンについて考えました。ゾーン体験は特別な人・特別なときにだけ起こる現象ではなく、保育者が意図的に構成した環境や働きかけで引き起こす（あるいは誘い出す・呼び覚ます）ことができます。そしてそのための環境構成においても重要になるのが、家具や教材・おもちゃの配置はもちろんですが、保育者の（活動のきっかけになったり子どもたちのモデルになるような）動きや、他の子の動きとそれによる子ども同士の響き合い（年長児がモデルとなり年少児が模倣し子ども同士の遊びの文化が形成されるなどの）を同時に意図していくことなのです。さまざまな場面で、子ども同士が十分に関わって十分に会話をする、子

ども同士がいろいろな経験から学び合うことができる空間づくりをさらに追求していかなければなりません。このような（保育者と子ども、子ども同士の）関わりについては、なかなか写真で捉えることが難しく、同時に本書では空間的な環境構成の紹介に主眼を置いたため、あまり見えてこなかったかもしれませんが、本書で紹介してきたさまざまな空間において、子どもたちは常に「他の子ども」と関わり、その関係の中で遊び、学んでいっているということをここで補足しておきたいと思います。

　本書のタイトルが『まなびのデザイン　「くうかん」』となっているのは、本書においてまず、保育環境づくりの３つの要素「空間」「人」「もの」のうち、「空間」としての保育環境を考えようという意図からです。保育環境づくりにおいては、「空間」「人」「もの」という３つの要素が特に重要であり、そのどれもが個別にあるわけではなく、いつも絡み合い関係し合いながら存在します。そのどれかひとつだけが欠けても、子どもたちが「主体的に関わる」ことは難しくなってしまうでしょう。今、目指している保育が実現できているという場合は、それを楽しみながら、さらに子どもの意欲を引き出すしかけを考えていくことが重要でしょう。反対に目指している保育の実現が難しいと感じる場合は、環境に課題がある可能性があります。思い通りに構成した環境であっても、実際の子どもの動きを見ていく中で変えていく必要性が見つかるかもしれません。そういう意味で保育環境は、上手につくったからもうＯＫというものではなく、常に手入れと検証が必要な、いわば生き物のようなものです。本書が、皆さんが保育を楽しみながら環境づくりをしていく一助になれば幸いです。

著者紹介 | **藤森平司**

1949年東京都生まれ。大学では建築学を学び、その後資格を得て小学校教諭として勤務。1979年、建築学と小学校教員の経験をもとに東京都八王子市に省我保育園を開園。1997年、多摩ニュータウン(八王子市)に、せいがの森保育園を開園。2007年、新時代に必要な質の高い保育の実践を目指し、新宿せいが保育園を開園。全国からの見学・研修を受け入れつつ、自身が主宰する保育環境研究所ギビングツリーによる講習会、インターネットブログ「臥竜塾」などを通して、「見守る保育」の啓発活動を積極的に行っている。現在、社会福祉法人省我会理事長、新宿せいが子ども園園長、保育環境研究所ギビングツリー代表、一般社団法人乳幼児STEM保育研究会代表理事。

参考文献
○新・保育環境評価スケール①／テルマ ハームス・リチャード M.クリフォード・デビィ クレア著、埋橋玲子訳／法律文化社
○新・保育環境評価スケール②／テルマ ハームス・デビィ クレア・リチャード M.クリフォード・ノリーン イェゼジアン著、埋橋玲子訳／法律文化社
○新・保育環境評価スケール③／キャシー シルバー・イラム シラージ・ブレンダ タガート著、平林 祥・埋橋玲子訳／法律文化社
○日本人の住まい／E.S.モース著、斎藤正二・藤本周一訳／八坂書房

写真 | 藤森平司・筒井正人

デザイン | studioarte❖長屋陽子

イラスト | studioarte❖長屋陽子・咲音

協力 | 國信主馬(国信建築設計事務所)・新宿せいが子ども園職員・せいがの森こども園職員・筒井正人

校正 | 株式会社円水社

編集協力 | オフィス朔❖松本紀子・田川由美子

編集企画 | 塩坂北斗・伊藤江里奈

まなびのデザイン 「くうかん」

発 行 日	2021年8月15日　初版第1刷発行
著　　者	藤森平司
発 行 者	大村 牧
発　　行	株式会社世界文化ワンダークリエイト
発行・発売	株式会社世界文化社
	〒102-8192　東京都千代田区九段北4-2-29
	電話 03-3262-5474(編集部)
	電話 03-3262-5115(販売部)
製　　版	株式会社明昌堂
印刷・製本	図書印刷株式会社

本文には見やすく読みまちがえにくいユニバーサルデザインフォントを採用しています。